建物をつくるということ

梶原一幸

清風堂書店

はじめに

ほとんどの人が住宅という建物で暮らし、事務所や工場などの建物の中で働き、学校という建物の中で勉強をしています。買物は百貨店やスーパー、コンビニなどのお店で行ないますし、旅行に行けば旅館やホテルに泊まり、病気の時は病院に行きます。つまり人は建物との関わりの中で、毎日を過ごしていることになります。あまりに身近なために、建物のことをわかっていると思っていませんか。或いは、そんなことを意識して考えたことがないかもしれません。

3年後の東京オリンピックに向けた新国立競技場計画をめぐっては、ひと騒動が起こりました。工事費が膨大な金額になったことが引き金となって、デザイン選定や建物の仕様についてのあり方といった「そもそも論」となり、関係者の責任問題にまで至りました。また東京築地市場の豊洲への移転をめぐっては、建物の地下空間についての問題が指摘された結果、当初の予定が大幅に遅れ、今もまだ移転が完了していません。

なぜ次々とこの様な事態が起きたのでしょうか。原因の一つは、建物についての世間の知識が少ないことにあると思います。

現代社会には、様々な職業があります。総務省統計局の平成27年8月の速報によると、全労働者人口のうちの7・7％に当たる491万人が建設業に携わっているとのことです。この中には土木関係の人が含まれていますし、建物に関わっておられる官公庁や教員の人、建物の部品を製造されている人や、建物の清掃をされている人などは含まれていませんので、概ね1割を超える人々が建物に関わる職業に就いているということが言えると思います。

つまり働く人の10人に1人が、職業的に建物に関わっているということになりますが、建物に関する仕事は極めて専門性が高く、かつ細かな分業がベースとなっています。すなわち建物が作られていく全体のプロセスを正しく理解している人は、その人たちの中の一握りの人に限られてくることになります。

建物に関する仕事をしていなくて注文住宅を建てた経験のある人は、決めることの多さに驚いたことと思います。どんな家に住みたいかというイメージ作りは、とても楽しい時間になるでしょう。ところが具体的な敷地の選定や設計者、施工会社の選定となると、さてどうやって決めて良いかわからない人がほとんどだと思います。建物を作るという入口の段階から、専門的なアドバイスが必要となるわけです。

そして漸く緒に就いたとしても、間取りの決定から、建物のデザイン、内外装の材料、キッチンや浴室などの設備関係の仕様などの決定事項が待ち構えています。実際の建物を見学したりしながら、設計図をはじめ、膨大な量のカタログや見本を前に頭を悩ませることになります。中にはこれが住まい作りの醍醐味だという人もいるでしょうが、ごく少数派だと思います。そして、決めることがこれで終わるわけではありません。工事費を決めるという、最も大切かつ難しい関門があります。

建物の値段と工事期間というのは、設計図と様々な仕様書を基に算定されます。つまり多くの決め事を経てから、後で出てくるものなのです。住宅を建てようとする人は、当然予算というものがあります。建物の工事費が予算を超えたら、それこそ絵に描いた餅になってしまいます。一般的には、この段階で設計内容と仕様の変更を行なって、予算への適合を図ります。施工会社と価格交渉をするのもこの段階ですが、ほとんどの人は初めてのことなので、強気の交渉など不可能でしょう。それよりも工事の質が落ちるのではないかと心配して、交渉すら出来ないのではないでしょうか。

施工会社とは別に設計者がいれば、これらの過程で様々なアドバイスをしてくれますが、より良い建物を作りたい気持ちから、予算の増額を勧められることもあります。
工事費と工事期間がまとまり、無事に工事が始まったとしても、現実には設計図通りに進まないことが多々あります。その都度、実情に合わせて設計内容や仕様の変更を行ないますが、あわせて工事費見直しの問題がついてきます。軽微な変更であれば、工事費の見直しは通常は発生しません。しかし、例えば土地を掘ってみたら想定外の障害物が出てきた時などは、追加の工事費が必要となります。専門知識のある人が予算の設定をする時には、工事費の3～5％の予備費を見込んでおくことが多いのですが、一般の人は予備費のことすら知らないと思います。

本書は、建物がどの様にしてどんなプロセスで作られているのかを、出来るだけわかりやすく解説したものです。個人住宅や賃貸マンション、テナントビルを建てたいと考えている人はもとより、建物に関する職業に就きたいと考えている人や、分業として建物に携わっている人にも、建物が出来上がっていく全体像がわかっていただけたらと思います。

目次

第一章

設計とは「無から有をつくり出す」

1　建物の基本形を作る
――平面図・立面図・断面図

建物を作るためには、設計図が必要です。模型でいえば部品図と組立説明図みたいなものですが、建物の場合には非常に複雑な形でまとめる必要があります。

建物を作ろうとする発注者から依頼を受けた設計者は、まず発注者の要望を把握するとともに建てようとする土地の特性を丹念に調べます。土地の特性とは、広さや高低差のみならず、周辺状況や過去の履歴、法律に定められた様々な規制などのことです。

これらの前提となる条件をよく理解した上で、建物全体の形をイメージしながら、同時に発注者の求める間取りを考えていきます。見栄えの良い形を探求したり、複雑な機能をパズルのように組み立てて、建物の骨格を作っていきます。言葉で書くと簡単ですが、形と機能を両立させるまで、幾つものアイデアを作っては壊すことを繰り返します。斬新な建物や複雑な建物の場合には、この作業に何ヶ月もかかることもあります。そしてこの段階で、その建物の基本形が決まると言えます。またこの作業は、建築士なら誰でも出来るというものではありません。建築士の中でも意匠担当とか計画担当と呼ばれる専門知識を持った人が、この最初の段階を担います。

次に設計者は、その基本形の内容を他の人に伝える必要があります。そこで設計図が登場します。この時点で必要となる設計図は、平面図、立面図、断面図の3種類です（各種図面については73頁以降を参照）。平面図とは建物の各階を水平に切断し、それを見下げた状態を図にしたものです。マンションや建売住宅などの間取り図は、平面図とは、建物の東西南北の4方向から見た姿形を図にしたものです。歴史的建造物では、正面の立面図がよく絵葉書になったりしています。断面図とは建物を垂直に切断し、その状態を図にしたものです。一般的には建物に直行する形で2方向から作成します。ヨーロッパでよく見かける教会のドームの内観図は、まさに断面図です。

設計者が3次元的に組立てた建物のイメージは、こうした3種類の2次元的な絵姿として図面化されるわけです。

話が少しそれますが、自動車や精密機械なども、このような図面を基本として作られています。実際の製造段階では、より詳細な図面を作成することも、建物の場合と一緒です。このことについては、後章で詳しく述べます。ただ自動車などは一度図面が出来上がると、同じ図面で何万台という製品が作り出されます。しかし建物は基本的に一品生産ですから、建物それぞれに設計図が必要となります。このことが建物の個別性と複雑さの背景に大きく横たわっています。世間には似たような建物もありますが、高さや大きさ、あるいは内部の機能を比べると、それぞれ全く別物といえるでしょう。即ち図面という媒介によって作り出されるものの中でも、建物は非常に特殊でかつ手間がかかるということです。

住宅の場合には、全くの個別設計によるものから、住宅メーカーに見られるようなセミオーダー設計のもの、分譲マンションでの間取り選択方式など、作り方にも様々なバリエーションがあります。図面がわからないと思う人や、完成していないものにお金を出せないと思う人は、モデルルームやオープンハウスなどで実際の出来映えを確認することが出来るので安心です。しかしこの場合には、住宅の購入者に代わって、ハウスメーカーやマンションデベロッパーが発注者の立場を行なっているということです。

すべての建物は、作ろうとする発注者が設計者を選定し、基本形をまとめることから始まります。従って発注者が設計者を選定するということは、最初に行なう最も重要な決定事項となります。当然ながら発注者と設計者は、綿密な打合せを行なって作業を進めていきます。両者の意思疎通が上手くいかないと、最初の段階で計画が頓挫してしまうこともあります。相互の信頼関係が出来ていることが必須です。設計者は、発注者に対して誠実かつ正確に説明することが求められますし、発注者は、設計者の説明を謙虚に聞いて、疑問がある時には率直に質問することが大切です。この過程は、建物を作るうえで最も創造的かつエキサイティングな時間といっても過言ではないでしょう。工事現場などでよく目にする建物の完成予想図は、この過程の集大成として作成されています。

2 基本形を具現化する——意匠・構造・設備

前節では、3種類の図面で建物の基本形を表すことを述べました。しかしこれだけで建物が出来上がるわけではありません。これらの図面を基に、実際に建物を作るための詳細な検討作業が必要となります。

建物を構成する要素は、実に複雑かつ多岐に及びます。住宅を例にとってみましょう。土地を固めて基礎と土台を作り、その上に柱を立てて梁を渡し、屋根と床を作って外壁で囲みます。玄関扉や窓が取り付けられるとともに、屋根には瓦が葺かれ、外壁には塗装が施されます。一方内部では間仕切り壁や扉が設けられ、天井材が取り付けられて、壁紙や床材が貼られます。また台所や浴室や洗面台などの住宅設備が設置されます。最後にエアコンや造り付けの家具などが取り付けられて、ほぼ完成となります。

さて、これだけの記述で幾つの要素が出てきたでしょう。固有名詞だけで20もあります。それぞれの固有名詞には、大きさや色柄などの夥しいバリエーションがあり、個人の住宅を作るだけでも相当数の要素をまとめなければなりません。まして病院やホテルなどの複雑な建物になると、気が遠くなるほどの数になります。

建物の詳細な内容は、意匠図、構造図、設備図という図面群でまとめられます。意匠図は建築図と呼ばれる場合もあります。

意匠図というのは、先にまとめた平面・立面・断面図を補足するための、断面詳細図、平面詳細図、展開図、天井伏図、建具表、部分詳細図などで示されます。エレベーターやエスカレーターのある建物の場合には、これら以外に昇降機図というものが加わります。

構造図というのは、文字通り建物の構造体を検討した内容を示すもので、平面図に相当する床伏図、断面図に相当する軸組図、柱や梁などの詳細寸法を示した部材リスト、部分詳細図などでまとめられます。そしてこれらの寸法の根拠となる構造計算書というものが別冊で作られます。

設備図というのは、建物の中に内包される電気、空調、衛生それぞれの設備関連の詳細を示したものです。電気設備は外の電柱から電気を受ける受電設備をはじめとして、建物内の電気配線や照明器具やコンセントの位置、それらの機器のリストなどでまとめられます。空調設備は、住宅ならば換気扇とルームエアコンで済みますが、複雑な建物の場合は、空調方式や機器の設置場所、配管経路や吹出口位置などの詳細な内容を示します。衛生設備は、給排水とガス設備が主ですが、空調と同じように配管経路や衛生器具の設置位置、それらのリストなどでまとめられます。

意匠図は、基本形を作った設計者が引き続いてまとめるのが一般的です。そして構造図と設備図は、それぞれ別の設計者が、新たに参加してまとめます。これまで設計者と呼んできた人を、今後は意匠設計者と称することにします。そして意匠設計者のパートナーとなるのが新たな構造設計者と設備設計者で、設計の分業が始まります。両者は非常に専門的な知識を持っていて、建物の実現に欠かせない役割を果たします。出来上がった図面を見ても、意匠図が文字通り絵姿がほとんどなのに対して、構造図と設備図は模式図と記号がほとんどです。構造計算書に至っては、数字と記号と数式が延々と記されています。

ちなみに構造設計が花形となる建物は、東京スカイツリーに代表されるような、超高層の建物です。また設備設計が花形となるのは、劇場などの大空間や、クリーンルームなどの高度に制御された空調空間を有する建物があげられます。

一般的には意匠設計者が中心となって、構造設計者と設備設計者の協力を得ながら、建物の基本形を具体化した、実現可能な図面が出来上がります。複雑な建物の場合には、これらの図面の合計が１０００枚を超えることがあります。小規模な建物でも図面枚数が少ないだけで、検討の過程は全く同じです。ひとつひとつの建物は、このような膨大な検討作業を経た図面によって、現実に出来上がっているのです。

3 パートナーを見つける——設計者の選定

これまでは、建物を作るときに必要となる図面の作成過程について述べてきました。ここでは、その作業を担う設計者の決まり方について説明したいと思います。

設計者の決まり方には、ふたつの選択肢があります。ひとつには特命か競争かということ。もうひとつは設計と施工を分離するか否かということです。これらを組み合わせると４つのパターンになります。それぞれについて考えてみましょう。

まず特命で設計者を選び、設計と施工を分離する場合です。これは民間企業などの発注者が、多くの設備投資をしている場合に多いパターンです。たとえば大手メーカーの生産工場をイメージするとわかりやすいでしょう。発注者には自社の建物のことを理解している建築士がいて、設計者もその企業の建物を、過去に担当したことがあるような場合です。すでに信頼関係も構築されており、発注者も設計者も事情を熟知しているので、物事が非常に円滑に進むと考えられます。ただし工事費については、なるべく安い施工者を選びたいので、設計者と施工者を分離するわけです。

同じような場合でも、設計と施工を同じ会社に発注する民間企業もあります。中堅以上の施工会社、いわゆるゼネコンには、ほとんどすべてに設計部門があり、設計と施工を一貫して行なうことができます。設計施工を一緒に発注すると、設計料を工事費と一緒に出来ます。世間の設計料というのは、工事費の数％です。設計料に比べて工事費の方が圧倒的に高額のために、発注者にとっては、設計料を含めた価格交渉がしやすくなります。ただしこの場合でも、発注者と設計施工者の間に、信頼関係と施工実績が重要なのはいうまでもありません。またハウスメーカーや地元の工務店などに注文住宅を依頼する場合も、このパターンにあてはまります。

次に設計者を競争で決める場合です。このときにも、設計者を対象にするのか、設計施工者を対象にするという選択肢があります。

設計者を対象とするときには、前節で述べた建物の基本形を競争の対象とする場合がほとんどです。構造と設備を含めた詳細検討には、膨大な労力と時間がかかるので、設計者の負担が大きくなりすぎるからです。よくデザインコンペと称される設計競技は、このパターンです。東京五輪のスタジアムも同じです。発注者が、シンボリックな建物や奇抜なデザインを求める際に用いられる方法です。また発注者が官公庁の場合には、原則として設計と施工は分離されるので、この方式が多く用いられます。それからこのパターンでは、設計者を広く公募するか、候補者を絞って指名するかという選択肢があります。

また発注者によっては、設計施工一貫で競争を求める場合があります。設計施工分離の場合と同様に、建物の基本形を比較される場合がほとんどですが、あわせて概算工事費を求められることがあります。工事費に対する言質を施工者から取っておきたいという、発注者の意図でしょう。またこのパターンの変形として、設計者と施工者がペアを組んで競争に参加する場合があります。建物そのものの実現性に加えて、完成後の建物運用に関する提案もあわせて比較したいときや、発注者としては設計と施工を分離する必要があるけれど、両者を同時に決めてしまいたいときなどに用いられる方法です。

設計者を選定するということについて、典型的なパターンを述べてきましたが、二つと同じ建物がないように、実際には様々なケースがあります。また一般の人が設計者を選定するというのは、極めて稀なことでしょう。しかしこの4つのパターンを知っていれば、建物を作るという場面に遭遇した場合にも、慌てずに対処できると思います。

第二章

設計の前段階「設計を始める前に」

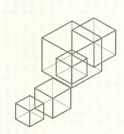

前章では、建物の設計ということについて述べました。冒頭から、かなり具体的な話だと思った人もいるでしょう。建物について考える場合には、設計ということから入るのが、最もわかりやすいと思ったからです。私も大学で建築学を学ぶまでは、建物は設計図を基に作られている程度のイメージしかありませんでした。

設計図が建物を作るために不可欠なことは前述しました。しかしながら、その前になすべきことが実はたくさんあるのです。本章では、それらのことについて述べてみたいと思います。

1 誰が建物を必要としているのか
——発注者について——

皆さんもおわかりの通り、設計者が建物を注文するわけではありません。建物を必要とする発注者が、設計と施工を注文するのです。発注者がいなければ、建物が作られることはありません。

発注者にも、幾つかのパターンがあります。最もわかりやすいのは、個人の場合です。自分の所有する土地に、自宅を建てるような例が典型的です。調達可能な資金に応じた建物を設計し、施工することになります。

同じ個人の場合でも、いわゆる不動産事業としての賃貸住宅やテナントビルを作る例もあります。この場合には、土地が自己所有地であったり、他者からの借地であったりします。個々のケースに応じて事業計画が作成されて、これに基づいた資金計画のもとに建物の内容が検討されていきます。建物の価格については後章で述べますが、ここでの予算が建物のグレードを左右することは論を待ちません。

個人が法人になっても、不動産事業という点では同じです。ただし法人の場合には、建物がより大規模かつ複雑なケースが多くなります。大規模なショッピングセンター、スタジアムやホールなどの娯楽施設、ホテルや旅館などの宿泊施設、私立の学校や病院などが、このパターンに当てはまります。より厳密な事業計画が作成され、設計者や施工者の選定についても、慎重な検討がなされます。特に施工者の選定については、予算適合の点から、複数の施工者による入札あるいは見積り比較が基本となります。

また同じ不動産事業でも、分譲マンションの場合は少し事情が異なります。マンションデベロッパーと呼ばれる発注者は、出来上がった建物を複数の入居者に売却することを目的としています。前述した発注者が、建物を利用しながら不動産事業を行なうのと大きく異なる点です。ただしいずれの場合も、建物が商品価値を求められることに変わりはありません。

このように不動産事業の場合には、発注者が事業を行なう道具としての建物が求められることになります。すなわち設計に取りかかる前に、発注者の意図が必要であるということです。

ところで発注者は、このような民間の個人や法人だけではありません。いわゆる公共施設と呼ばれる建物を発注する官公庁があります。この場合には、前述した不動産事業の道具としての建物とは少し異なるものが求められます。わかりやすい例として県庁や市役所の庁舎を取り上げてみましょう。

庁舎の発注者は、都道府県などそれぞれの自治体となります。自治体は、納税者である住民にサービスを行なうことを目的として庁舎を作ります。そしてその工事費は税金で賄われることになります。従って、その過程については、厳格に透明性が求められることになります。不動産事業の場合には、発注者の意図が建物を必要としたのとは対照的に、住民が建物を必要とするということになるわけです。

とはいえ、住民が集まって会議をしながら建物を作ることなどできません。ほとんどの役所には、建物を専門とする職員がいます。平常時には、庁舎の修繕や新築物件の図面審査などを担当しています。いざ庁舎の建設となると、この人たちが中心となるのが通例です。様々な専門分野の人の協力のもとに、首長と議会の承認を得ながら、計画を進めていきます。どのくらいの大きさにするか、間取りはどうするか、予算はどのくらいか等々、新しい庁舎に求められる様々な条件を整理していきます。これらをまとめたものを設計条件と言います。

公共の建物の場合には、この設計条件をもとに設計者の公募が行なわれるのが通例です。すなわち発注者は、設計に取りかかる前に、設計条件をまとめるという作業が必要となるのです。

2 何のための建物か——建物の企画

前節では、建物を必要とする発注者の観点から、設計の前段階を考えてみました。ここでは少し視点を変えて、ビジネスとして建物を発注者に売り込むことを考えてみましょう。

建物を売り込んで利益を得ることができるのは、その現実化の過程で汗をかくことができる人たちです。施工会社が真っ先に思い浮かびます。でもそれだけではありません。土地を仲介する不動産会社、事業計画を立案するコンサルタント会社、計画を具体化する設計者、あるいは、その建物が出来ることによって新たな仕事が見込める人たちがいます。

これらの人たちは、新たな建物を作れそうな土地を物色して企画書を作成し、発注者になりそうな人のところに持ち込みます。土地の紹介状のように非常に簡単なものから、事業計画案を添付した詳細なものまで、様々な企画書があります。駅前や繁華街といった魅力的な土地の場合には、一つの土地に対して複数の様々な企画書が飛び交います。もしその土地が売り物であったりすると、売主に対する情報収集も企画書作成にあたって重要になってきます。

利益の源泉があるとはいえ、発注者でもない人たちが、なぜこのような努力を惜しまないのでしょうか。前章で設計者や施工者の選定にあたっては、競争によって決める場合が多いと述べました。ところが、このような企画書を事前に発注者に提案し、その事業が具体化したあかつきには、その提案を持ち込んだ人に、設計者や施工者としての優先権が与えられる場合が多いからなのです。特に施工者は扱う金額が大きいですから、工事獲得を目指して各社必死に提案します。現実には規模の大きい建物ほど、どうしても人的資源と経験が豊富な大手企業が有利になることは否めません。

土地の売主が、買い手に競争をさせる場合もよくあります。売主に対する情報収集が重要だと述べたのは、このためです。売主はすこしでも高く、より信頼できる買い手を見つけたいと思っています。規模が大きくなればなるほど、この傾向は強くなります。ましてや都心の一等地の場合には、一層の拍車がかかります。また公共の土地の場合には、売却過程の透明性を確保するために、より長い時間と複雑な手続きが必要になります。

大規模な土地の場合には、事業社連合（コンソーシアム）を対象に入札が行なわれる場合があります。その土地で実現可能な事業計画に対して、一社だけでは手に負えない時などに用いられる手法です。複数の事業者連合が競争して入札する場合もあります。また何段階かのステップを経て、最終落札者を決定する場合もあります。この時には最初は複数者に始まって、諸条件を比較の上、最終段階で2~3者に絞り込んだ上で決定されます。

話が土地の入札になってしまいましたが、その土地にいちばん相応しい建物は何かということを考えるのが、建物の企画です。例えば商業地であれば、当然ながら商業施設を提案することになります。企画書を作成しようとする人は、まずどの程度の大きさの建物が作れるのかを検討します。これをボリュームスタディと呼びます。これだけでは絵に描いた餅なので、実際に商業施設を運営している人に意見を聞きます。どのような客層をターゲットに、どれくらいの面積なら採算が確保できるかということが重要なポイントになります。スタディした大きさを上回る商業面積が必要であれば、全館商業施設として事業計画を作成できますが、立地によっては全てを商業施設にできない場合もあります。その時には残った面積を、別の用途の建物として企画する必要があります。駅前などでよく見かける、低層部が商業施設で、その上にマンションが乗っかっている建物は、このような時に企画されます。こうして出来上がった企画書を、発注候補者に持ち込むわけです。このケースでは、商業施設の運営者とマンションデベロッパーが候補者になります。そしてこの企画を採用してくれた人が発注者となって、はじめて具体的な設計に取りかかれるのです。

3 土地がなければ建てられない——土地の特性

当たり前のことながら、建物は土地の上に立っています。土地がなければ建物は作れません。前節では建物を企画するということから土地のことに触れました。それでは土地にはどのような特性があるのでしょう。

一般的に土地には二つの要因が含まれています。一つは大きさや高低差という物理的条件と、硬さや土質などの物的特性によるもの。もう一つは社会的条件としての立地条件と各種制限によるものです。

建物を作ろうとする発注者は、自己所有地であれ借地であれ、あるいは落札物件であれ、どのような過程を経ようとも、まずは土地を確保せねばなりません。そしてその土地には、必ず広さと高低差があります。それを測量して図面に記したものを、敷地図と呼びます。すべての建物の原点です。広さは見た目でなんとなく実感出来るのですが、高低差については専門家でも意外と認識しにくいのが実情です。普段は平坦な道路だと思っていても、大雨の日に部分的に冠水することがよくあります。

建物の床は水平に作りますから、1階の床の高さと、それに外周で接する地面の高さとの関係を整理するというのは、建物の高さを決める上で最も基本となることなのです。一生懸命に間取りを作成しても、この高低差のチェックが漏れていたために、やり直しということもあります。出入口を作ろうと思っても、外の方が高かったり低かったりしたら、うまく扉が付けられません。駐車場の入口なども盲点になりやすいものの一つです。駐車場に関連していえば、周辺道路との接道状況も重要な要素です。

土地の物的な特性は、ボーリングと呼ばれる地質調査によって確認します。鉄のパイプを地中にどんどん差し込んでいって、所定の深さまでの土質がどうなっているかを分析します。同時に地下の水位の高さを測定します。これらのデータは前章で述べた構造設計者によって主に検討され、構造設計図に反映されます。

また土地には歴史的な履歴と人工的な履歴があります。日本の多くの都市は、海に面した川沿いの堆積土層の上にあります。地質としては歴史の浅い土地ですから、建物を支えるに足る堅固な地盤は、その堆積土層の下にあります。一方で山裾の比較的海抜の高い土地などは、この堆積土層がほとんどなくて、直接建物を支えることができる地盤であったりします。

人工的な履歴というのは、海岸沿いの埋立地と丘陵部の造成地に代表されます。埋立地は沿岸部のため、総じて支持地盤が深い傾向があります。また埋立地特有の地盤沈下が落ち着くまでに数年を要します。昨今では、地震時の土地の液状化も問題となっています。丘陵部の造成地では、平坦な土地を作るために、山の部分を切り崩して谷の部分に埋めることが原則です。その造成地から発生する残土と、場外からの搬入土を最小限にすることが造成計画の基本です。したがって造成地には、切り崩して出来た比較的硬い土地と、埋め立てて出来た比較的軟らかい土地が混在しています。造成地に土地を求めようとする場合には、造成前の地形図を確認することをお勧めします。

社会的条件としては、まずその土地の立地があげられます。住宅地なのか商業地なのか、駅やバス停などの交通機関との位置関係はどうか、大通りに面しているか、周辺の活気や静かさはどうか等々のことをいいます。建物の企画をする上で、最も重要な条件です。

またそれぞれの土地には、建築基準法をはじめとして、条例等で定められた様々な規制がかけられています。規制には大きく二通りあって、一つはその土地を含む地域に関するものです。商業地域や防火地域といった用語を聞いたことがあるかもしれません。これらはその地域ごとの特性に応じて、建物の用途などが定められており、ここでは詳しくは触れませんが、その主旨から全体規定と呼ばれています。

もう一つは全体規定に対応する形で定められた、単体規定と呼ばれるものです。建物の高さや構造形式などに関して、細かく定めたものです。

このように、土地には様々な条件が付帯しています。これらの複雑な条件を整理しながら、建物を企画し、具体的な設計を進めていくことになるのです。

第三章

工事費の算定「お金はとても大事」

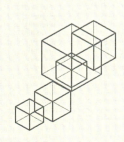

1 工事費はどうやって算出するのか
――拾い出しと値入れ――

本章では、建物に関するお金のことについて述べたいと思います。

建物の値段は、よく坪当たり幾らと言われます。建物の総面積に坪当たり単価を掛けると、建物総額がわかるわけです。総面積100坪の建物が、坪当たり単価が100万円だとすると、工事費は1億円になります。建物の基本形が出来た段階では、超概算としてこのやり方がよく用いられます。ただしこの方法は一般的な建物では有効ですが、あくまでも概算額しか把握出来ません。またスタジアムやタワーなどの特殊な建物では、この方法は役に立ちません。

より正確な工事費は、意匠、構造、設備などの詳細な図面が完成してから算出します。図面というのは、あくまでも2次元で表現されたアナログ値です。これらをすべてデジタル値として数量化します。この作業を拾い出し作業と呼んでいます。構造体であれば、コンクリートが何m^3で、鉄筋が何mといったように、それぞれ強度や、太さなどの種類ごとにまとめます。一言で数量化と言いますが、前にも述べたように、建物を構成する要素は多種多様であり、これらを意匠、構造、設備それぞれに整理するのですが、その数は何千行にも及びます。当然ながら、相当の時間と労力を要します。

ともあれ、こうしてデジタル化された建物のデータがまとまったら、次にそれぞれの要素の単価を計算します。コンクリートが１m^3当たり幾ら、鉄筋が１ｍ当たり幾ら、といったように、何千行のリストを埋めていくわけです。この作業を値入れ作業と呼んでいます。コンクリートや鉄筋は地域ごとに標準となる単価が定められていて、その値入れは比較的簡単なのですが、この様な標準単価がある要素は非常に稀であり、ほとんどすべての要素は、その単価を調査し設定する必要があります。

建物を構成する要素は複雑だと述べましたが、大きくは意匠、構造、設備の３つに分類され、それぞれがさらに分類されます。意匠では十種類程度、構造と設備ではそれぞれ数種類程度です。そしてこれらの分類は、工事の種類別に分かれています。例えば設備であれば、電気工事、空調工事、衛生工事であり、それぞれに専門の工事業者がいます。値入れを担当する人は、それぞれの工事別に複数の専門工事業者に見積りを依頼し、最も適切な単価を設定していきます。

この作業を繰り返しながら、何千行にも及ぶリストをすべて埋め尽くしてはじめて、数量掛ける単価によって要素ごとの価格が求められ、その合算が可能になります。今ではコンピュータのおかげで数量と単価を入れれば瞬時に価格が出てきますが、かつてはこれを算盤で算出していたとのことです。確かに諸先輩の中には、算盤や暗算の名人がおられました。

こうして、すべての合算が完了すれば全体の工事費が見えてくるわけです。これら一連の作業は手分けをしながら進めていきますが、概ね1ヶ月程度を要します。

余談になりますが、筆者が勤務していた施工会社では、建築職の新入社員はこの拾い出し作業から担当するのが通例になっていました。まずはじめに図面を読み込んで把握し、それを部位別に数量化する仕事です。建物の内容を理解するのに最も適した作業であり、このことによって建築職としての基礎能力を培うわけです。ちなみに値入れを担当することが出来るのは、さらに何年かの経験を積んでから後になります。

これら一連の作業は施工会社で行なわれる場合がほとんどですが、設計者の立場でも行なわれることがあります。ただし両者では少し意味合いが違っていて、施工会社の場合は最終の工事費算定のために行なう場合がほとんどです。一方で設計者の場合には、事業計画上の工事費の精度を高めるために行なわれる場合が多いように思います。例えば官公庁の工事などで、予算についての議会承認を得る場合などに行なわれます。

ともあれ、こうして建物全体の工事費が算出されるのですが、これが最終の契約金額になるわけではありません。次節では、この工事費が算出された後の過程について述べたいと思います。

2 工事費には幾つかの種類がある
——見積金額と価格交渉——

1ヶ月ほどの膨大な作業によって算出された建物の工事費ですが、そのまま発注者に提出されるわけではありません。この段階の工事費を、以降は工事原価と言うことにします。前節で述べたように、工事原価は数量と単価の合算として算出されています。すなわち生のままの数字ということになります。企業としての経費や利益は、これに含まれていません。発注者に提示する工事費（以降は見積金額と言います）には、これらを加算する必要があります。この見積金額の算出については各社各様、ケースバイケースです。また加算とは逆に減算をする場合もあります。いわゆる値引きを見込む場合です。どうしてもその工事を受注したい場合には、値引きを大きくして受注確率の向上を図ります。

一般的には、工事原価を算出するのは専門的な知識と経験を有する担当者が行ないます。しかし上述したように、見積金額は企業にとっての利益の源泉となるものであり、一方で工事の受注を左右する、非常に重要な金額です。したがって見積金額の決定は、企業経営者の判断に委ねられる場合がほとんどです。そして、このようにして決められた見積金額が発注者に届けられます。

発注者は、同じ品質のものを少しでも安く手に入れたいですから、見積金額のままで首を縦に振ることはまずありません。ここから価格交渉がはじまります。複数の施工者による入札や見積合わせの場合には、最も安い施工者がまず呼び出されます。見積金額が発注者の予算を下回っている場合には、比較的穏やかかつ円滑に交渉は進みます。しかしながら、悲しいかなこのようなケースは非常に稀です。ほとんどの場合、見積金額はなぜか予算を超えてしまいます。このような時には、幾つかの対応策があります。

最もわかりやすいのは、施工者が値引きをして、発注者の予算に見合った金額で合意を図る場合です。この時には、しばしば見積査定ということが行なわれます。施工者が提出した見積書の内容と単価を、設計者あるいは第三者が細かくチェックして、見積金額の検討を行なうのです。この見直された金額を、査定金額と呼んでいます。査定内容に不服があるときには、見積の根拠や他の事例などをあげて復活折衝を行ないます。しかしながら、なかなか認められないのが実情です。そして施工者がどうしても受注したいときには、我が身を切ってでも発注者の予算についていくことになります。

工事を受注したいとはいうものの、施工者も身を切るばかりではやっていけません。そこでよく行なわれるのが、設計内容を変更して工事原価を下げる工夫をすることです。前節で述べたように、設計図に基づく工事原価は、すべて数値化されてそれぞれの単価が設定されています。この内容を再確認しながら、工事原価を押上げている要因を分析して、数量を見直したり、より単価の安いものに変更するのです。通常は施工者から変更項目を提案し、発注者と設計者の同意を得られた変更内容に応じて、見積金額を見直します。この金額が発注者の予算に合えば、交渉は妥結に向かいます。それでもまだ予算に届かない場合には、先ほどの査定と値下げを併用した交渉になります。三方一両損というわけではないですが、見積金額と発注者予算の差額を3等分し、発注者は予算の増額を、施工者は値引きを、設計者は設計変更を、それぞれ負担するという方策が採られることもあります。

同じ設計図でありながら、施工者によって最終の工事費が異なるのは、このような複雑な価格交渉の過程があるからだと言えます。

また昨今では、工事に関わる資材と人件費の高騰により、見積金額と発注者予算が折り合わずに、抜本的な計画変更を余儀なくされる例がしばしば見受けられます。発注者の予算は綿密な事業計画に基づくものですし、施工者の見積金額は建物の実現化を約束するものです。それぞれに侵すことの出来ない金額を抱えて、どうすることも出来ずにすくんでしまっているような状態です。冒頭に述べた東京五輪のスタジアム計画は、このことを象徴的に示す事例と言えるでしょう。

3 建物は買うのではなく注文するもの
――請負契約――

前節では、発注者と施工者の間での工事費の決定過程について述べましたが、実はこの段階でもう一つ重要な合意形成がなされます。それは工事に要する時間に関することです。施工者は、見積金額を算出するのと合わせて、大まかな工事工程表を作成して、発注者に提出します。これには、工事にいつ着手して、いつまでに完成させるかということが明記されています。建物を現実化するための時間的な約束をするわけです。当然ながら工事費と同様に、この期間についても交渉の対象となります。発注者は1日でも早く事業を開始したいですから、工事期間は短いほど好都合です。しかし施工者にとって工期の短縮は、工事完成のリスクを負うことだけではなく、工事品質の確保のために、経費を含めた工事費の増加に直結します。よく突貫工事ということを耳にしますが、結局は発注者と施工者の両方に負担を強いることになります。余程の事情がない限り、お勧め出来ることではありません。また土地と図面しかない状況下で、大きな金額の工事の完成を将来に向けて約束するわけですから、発注者と施工者の信頼関係がないと、円満な交渉妥結が難しいことは論を待ちません。そして工事費と工事期間の両方が合意に達した後に、発注者と施工者は次の契約という段階に至ります。

私たちが何かを購入するときには、すでに対象物が目の前にあって、その値段が決まっている場合がほとんどです。また車や家電などの新商品を予約購入する時には、対象物が実在しない場合もありますが、カタログや試作品などでほぼ現物が確認出来るでしょう。新築の分譲マンションを購入するのは、このケースに類似しています。土地は現地で確認出来ますし、内装などはモデルルームで実際に確認出来ます。ただし建物全体の出来栄えは、完成予想図から想像するしかありません。この点では、やはり現物がないのです。

一般の建物の場合には、モデルルームすら存在しません。土地以外にあるのは、図面と見積書と工程表のみです。土地は建物とは別に手配されている場合がほとんどですから、発注者はそれらの書面だけを頼りに建物を発注することになります。すなわち、建物は購入するものではなくて、注文するものなのです。施工者は、この注文に対して工事の完成を約束します。この際に両者で結ばれるのが、工事請負契約です。その内容は、工事費と工期を明記した契約主文、及び見積書と設計図面の3つで構成されています。ここでは詳細については触れませんが、これらを綴じて出来た契約書は、時に数十㎝の厚みになります。余談になりますが、契約書には工事金額に応じて収入印紙を貼らねばなりません。その額は印紙税法という法律によって定められており、工事費が1億円を超えると10万円、10億円を超えると40万円、50億円を超えると60万円（執筆時では若干軽減されている）の印紙が、発注者と施工者のそれぞれに必要となります。

工事に関する契約について述べたので、ここで設計に関する契約についても補足しておきます。発注者が設計者に設計作業を依頼する際には、設計・監理業務委託契約というものを結びます。当然ながらこの段階では、図面も見積書もありませんから、その内容はいたってシンプルです。そこには、土地の住所と建物の用途、業務内容及び業務期間と業務報酬が明記されています。これを両者で取り交わして、業務の委託が成立し、設計作業が開始されます。

また発注者が設計や工事を注文したくても、様々な事情があって、すぐに正式な契約を結べない場合がよくあります。しかしながら口約束で作業を依頼するわけにはいきません。その際には、発注内示書や発注に関する覚書などが取り交わされます。詳細な契約条件を纏めるのに時間を要するものの、それを待っていたのでは事業のスケジュールが滞るような場合などに用いられる手段です。また施工者が、いち早く受注を確かなものにしたいという意図から、内示書の発行を発注者に依頼することもあります。

ここまで第一章から第三章にわたって、建物を実現化するために必要な様々な作業について述べてきました。一般の人には少し専門的な話だったと思います。しかし現実には、このようないくつもの過程を経て、ようやく工事に着手出来るのです。しかもそれは、ただひとつの建物だけなのです。

第四章

着工から竣工迄「いよいよ工事開始」

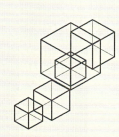

1 工事は勝手に始められない——着工までの手続き

発注者と施工者が、喧々諤々の価格交渉をしている間、設計者はじっと待っているわけではありません。設計者には別の大きな役割があります。それは、役所から工事着手の許可を得ることです。

法治国家である日本では、種々の活動に対して様々な規制がかけられています。建物を作ることも例外ではありません。第二章で、建物に関する法的規制があると述べましたが、それが満たされている設計内容であることを、役所に認めてもらう手続きが必要なのです。このことを、建築確認申請を行なうと言います。すべての建物は、この役所による確認印がないと着工出来ません。設計者は設計図を役所に提出し審査を受けて、指摘事項があればこれを修正して再提出し、法的に問題がないことを認められたものが、着工可能な図面となります。法的審査の詳細な内容についてはここでは触れませんが、概ね書式が決まっていて、それに準じて審査が行なわれます。

しかしながら、この建築確認申請だけで許認可が終わるわけではありません。建物の規模と用途によりますが、少なくとも消防署との事前協議は不可欠です。消防署は建物に対して、消防法という建築基準法とは別の規制をかけており、設計内容が消防法の基準を満たしていないと、確認申請が受け付けてもらえない仕組みになっています。大規模な建物の場合には、建物に関係するほとんどの部局との事前協議が必要となります。これを各課協議と呼んでいます。設計者は、文字どおり役所の中を毎日行脚することになります。

また事前協議は、図面が出来上がってからだけではありません。建物の基本形が出来上がった時点で、大きな問題はないかを協議する場合もあります。建物に関する規制は、前述した建築基準法や消防法のみならず、自治体が定めた各種条例などによって定められています。個人住宅などの小規模な建物の場合には、あまり該当しませんが、大型の商業施設や、住宅団地の開発など、周辺への影響が大きい計画ほど、規制の対象は多くなるとともに、それらの協議に要する時間と労力が必要になります。

役所との協議が多岐になってくると、設計者だけでは手に負えなくなる場合があります。このような時に設計者は、専門知識を有するコンサルタントに支援を求めます。この人たちも、交通計画が専門であったり造成計画が専門であったりと専門分野は多岐にわたりますが、その時々に必要なコンサルタントを選定して、問題解決に当たります。

通常では確認申請にかかる時間は、事前協議を除いて約1ヶ月です。しかしながら前述のような様々な事前協議には、半年から1年以上かかる場合もあります。

また役所との協議の中で、周辺住民への説明を求められることがあります。特に高い建物を作ろうとするときには、周辺への影響が大きいために事前説明を求められます。確認申請の受付の必要条件として、計画内容を示した告知看板を一定期間設置したり、説明会の開催記録を求められたりします。工事に伴う周辺からの苦情を少しでも減らすために、このような手段が採られているわけです。

以上いろいろと述べてきましたが、このような手続きを経ることによって、ようやく建物は着工を迎えることができるのです。

ここまでは法的な手続きという堅い話が続いたので、最後に少し話題を変えてみましょう。皆さんは、地鎮祭や起工式という言葉を耳にしたことがあると思います。これは建物の工事着手に際して、工事の安全を関係者一同で祈願する祭事のことです。安全祈願祭と呼ばれることもあります。神式と仏式がありますが、通例では神式が多く、その土地を司る神社にお願いして神事を執り行なってもらいます。発注者と設計者、施工者などが参列し、神官に祝詞《のりと》を奏上して頂いた後、清祓《きよはら》い、刈《か》り初《ぞ》め、穿《うが》ち初《ぞ》め、鍬入《くわい》れといった土地の神を鎮める行事が行なわれます。ちなみに祝詞の前に詠み上げられる「かけまくもかしこきいざなぎのおほかみ……」というのは祓詞《はらえことば》といって、これを唱えると禊《みそぎ》を行なったことになるそうで、地鎮祭に限らず、祝詞の最初に必ず詠み上げられます。これは日本書紀のイザナギとイザナミの神話に由来するとのことです。最新の技術を以ってなされる工事が、古式に基づく神頼みから始まるのは、とても興味深いことだと思います。

2 なかなか設計図通りにいかない
――施工図と設計変更

建物の工事においては、その設計図がすべてのベースであることは言うまでもありません。しかし実際に工事を進めるにあたっては、さらに詳細な図面が作成されます。これらの図面を総称して施工図と呼びます。設計図が1／200から1／50の縮尺で描かれているのに対して、施工図は1／20や1／10でより詳細に描かれます。非常に複雑な場合には、1／1の原寸大で描きます。

例えばコンクリート図や鉄骨図と呼ばれる建物の構造体の一部のみを表現した図面や、外装材やタイル、天井材などの割付図、電気設備や空調機器などの取付け位置を示したプロット図などが施工図です。これらの図面は、分業を行なう専門業者が、それぞれの仕事に必要となる図面ですから、原則として専門業者が作成します。したがって他業種のことはほとんど書いてありません。工事の初期段階において工事全体の管理者（施工会社の現場監督）は、これら各種の施工図が設計図通りであり、他業種と食い違いがないかを確認することが主たる仕事のひとつになります。また次の段階においては、それぞれの専門工事が、施工図通りに行なわれていることの確認が重要な仕事になります。

このように実際の工事では、設計図を基に何種類もの施工図が作成されます。そこで起こるのが、部品が重なって取り付けられないという事実です。このことを専門用語では「納まらない」と言います。2次元的な図面では描ききれなかったことが、実際の3次元空間で矛盾をきたすわけです。このことを一概に設計の不備とはいえません。建物は非常に複雑な部品で構成されており、設計図はそれを何十分の一かの縮尺で表現しています。しかし実際の部品には、縮尺上では表せない副資材が付いていたりします。設備機器などでは、配管の取付方向が違うだけで納まらなくなったりすることもあります。

これらを放置していたら建物は出来上がりません。そこで設計者がこれらの調整に当たります。施工図を検討しながら、納まっていない部分が納まるように設計図を変更します。軽微な変更で済む時もあれば、大掛かりな変更を要する場合もあります。この作業は、いわば3次元パズルを解くようなもので、2次元の図面を立体的に解読する能力が必要となります。このような変更は、基本的に設計者と施工者が技術的に解決すべき事柄です。

一方で発注者の要望によって設計図を変更する場合があります。よくあるのは間取りの変更です。設計時点から使い勝手が変わったり、仮定条件が違う形で決定したりした時に、図面の変更が行なわれます。ただし何でも変更出来るかというと、そうはいきません。前節で述べた通り、着工に際しては役所による図面確認が済んでいます。したがって図面を変更する場合には、役所に対して変更届が必要になります。その際に面積が増えていたり、建物の高さや形が変わっていたら、変更届は受け付けられず、確認申請の出し直しとなってしまいます。こんなことをしていたのでは、余計な時間と費用がかかるだけではなく、当初の予定通りの完成が覚束なくなります。設計段階で十分検討し、着工後の変更は極力軽微なものにするという認識が、特に発注者においては重要です。しかしながら、どうしても大掛かりな変更が必要になる場合もあります。その際には、発注者、設計者、施工者が一緒になって検討し、変更内容はもとより、設計費や工事費、工事期間の見直しを行ない、三者合意のもとに変更を行ないます。当然ながら、工事の進捗状況に応じた現実的な変更内容にすることが、非常に重要なポイントとなります。やはり着工後には、何でも変更出来るわけではないのです。

3 材料の色柄は工事中に決める——意匠材の選定

第一章で述べた通り、設計作業によってまとめられた図面には、建物を構成する要素の個々の寸法や品番が、こと細かく示されています。当然ながら、建物を作る上で必要となる情報が、すべて含まれていると考えるのが普通だと思います。しかし、実は欠落している情報があるのです。それは材料の色柄に関する情報です。建物の完成予想図を作成する場合には、外装に関する色柄のイメージは、概ね出来ていると言えますが、そこに描かれない要素の色柄は、この時点では未定のままなのです。住宅設備など、品番によっては色柄の情報を含むものもありますが、一般的な材料は、同じ単価で色柄のバリエーションがあるので、その品番は参考値として扱われます。だからと言って、設計者の頭の中に内外装の色柄のイメージがないかというと、そういうわけでもありません。むしろイメージは出来上がっているといったほうがいいでしょう。ただ設計段階においては、具体的な材料決定には至っていないのです。

内外装の色柄は、建物の出来栄えを大きく左右します。材料が同じでも、色柄によって派手にも地味にもなりますし、斬新にも古風にも見せることが出来ます。実際のところ、建物の内外装材の種類は多種多様であり、それに色柄のバリエーションを掛けると、膨大な数になります。そんな中で、設計者はイメージに合う材料を選定するのです。見本帳を手掛かりに、大きなサンプルを取り寄せたり、実際の施工事例を確認しに行くこともよくあります。場合によっては、見本帳にない特注品を試作したりもします。また大きな建物の場合には、実物大の外装モデルを試作して、出来栄えを確認することもあります。

これら複数の主要な材料の候補が絞り込まれた段階で、それらの見本を同時に並べて、全体としてイメージ通りか、あるいは統一感があるか、違和感がないかなどを検証していくのです。このように実際の材料を手配して比較検討するには、設計者の力だけでは限界がありま す。そこで施工者の協力が必要となるのです。工事の段階で材料の色柄が決められるのには、こうした理由もあるのです。またこの作業は、発注者をはじめ設計者と施工者がイメージを共有化するのにとても有効です。

とはいえ、設計者といっても一朝一夕に材料選定が出来るわけではありません。特に色合いは建物のイメージを大きく左右するので、やはり経験がモノを言います。個人住宅などで、あまり経験のない人が材料を選定したら、思いもよらない出来栄えになったということがあると思います。白い壁にしようとして真っ白のペンキを塗ったら、白すぎて周りから浮いてしまったり、無難にベージュ系やグレー系を選んだら、全体のイメージが締まらなくなったり。そういえば賃貸住宅を展開する会社が、やたら目立つ外装のアパートを各所に作っていますが、これは企業のイメージ戦略であって、全く違う次元の産物と言えるでしょう。

話がそれますが、中世を思わせるヨーロッパの街並みを見たら、ほとんどの人は美しいと思うでしょう。この背景には、その地域で採れる土や木や石の種類が限られていたことが挙げられます。形の違う建物でも、同じ材料のものが集積されると、統一感のある街並みが形成されるのです。日本における歴史的な街並みや集落についても同じことが言えます。しかし現代社会では、先述したように数多くの材料があり、選択肢は無限にあると言っても過言ではありません。そのようにして作られた建物が群をなしてできる都市景観は、自ずと無秩序になってしまいます。しかし決して無秩序が悪いと言っているわけではありません。それぞれの建物が個性を競うことは、むしろ好ましいことだと思います。ただ周辺環境との関係性については、慎重であってほしいと思います。22年前の平成7年まで、大阪の御堂筋には31ｍの高さ制限がありました。建物の色柄はさておき、軒の高さを揃えて統一感のある都市景観を形成していたのです。撤廃後は御堂筋の景観も随分と変わりました。現在では以前より高い軒高を揃えながら、多彩なビルが次々と建てられています。

建物が自由にデザインできる一方で、歴史的な街並みの保全地区などでは、新築工事を規制したり外装材の色合いを規制したりと、様々な取り組みがなされているのも同時代の事実なのです。

第五章

使用開始から維持管理
「使い始めとメンテナンスが大切」

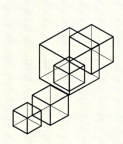

1 新しい間は硬さが残る——引渡しと初期対応

無事に工事が完成すると、建物は施工者から発注者に引渡されます。この時にも建物独自の引渡し方法があります。

引渡されるもののひとつとして、役所の検査済証というものがあります。着工の前に届け出た図面通りに建物が出来ているかを、役所に検査してもらい証明書を発行してもらうのです。これによって、建物が合法であることが証されます。発注者が公的融資を受ける場合には、特にこの証明が不可欠です。また民間の分譲マンションにおいて、購入者が住宅ローンを受ける場合も同様です。なぜこのようなことを述べるかというと、確認申請は出したものの、役所の検査を受けずに使われている建物があるからです。国土交通省がまとめた資料によると、平成24年の時点で約1割の建物が検査未済とのことです。平成12年時点では、この数が約5割だったといいますから、ずいぶん改善されているとはいうものの、いまだにこのような設計者や施工者がいるということは、嘆かわしい限りです。

次に特徴的なのは鍵の引渡しです。個人住宅なら玄関の鍵だけで済みますが、一般の建物になると、玄関の他に通用口とか各部屋など多くの鍵があります。また鍵が多くなると、どこにでも使えるマスターキーという鍵が作られます。鍵の数が非常に多い場合にはマスターキーも複数となり、さらに上位のグランドマスターキーというものが作られる場合もあります。引渡しに際しては、これらを鍵番号とともにリスト化することはもちろんですが、実際に建物の中をぐるぐると周りながら一本一本確認していきます。これを鍵合わせと呼んでいます。

竣工写真も建物特有の引渡し書類の一つです。引渡し前のいわば真っ新な状態の写真集です。引渡しが済んで建物が使われ始めると、家具や備品が設置されるため、建物は原形を留めなくなりがちです。設計者の自己満足と思われるかもしれませんが、カット数やアングルなど、相当細かく気を使って原形を記録するのです。

設計者が竣工写真をまとめるのに対して、施工者は工事記録写真をまとめます。建物の工事の様子は時事刻々と変化しますし、構造体や下地など竣工後には見えなくなってしまう部分がほとんどです。これらを工事の順に逐一記録しておいて、まとめて発注者に提出します。工事がきちんと行なわれていたことの証しでもあり、また後で述べる不具合が発生した時の参考資料となるものです。

これらの書類等に加えて、最終的な図面も発注者に提出されます。これらは工事中に変更された部分がすべて修正されたもので、竣工図と呼ばれます。主要な施工図や設備機器類の保証書や取扱説明書も添付されます。

引渡しが終わると、いよいよ建物は使われ始めます。使っているうちに発生するのが建物の不具合です。不具合はないのが理想ですが、細かなことを含めると皆無というわけにはいきません。使っているうちにわかる不具合もあります。その中でも最も厄介なのは雨漏りです。三角屋根にすっぽりと覆われているような単純な形の建物では、雨漏りは起こりにくいのですが、複雑な形になればなるほど、雨水が建物内に侵入しやすい部分が増えます。一般の建物でも、バルコニーやベランダはウィークポイントになりやすい部分です。もちろん設計者も施工者も、そのような部分は特に注意して対応します。しかし最近では、ゲリラ豪雨と呼ばれる短時間での集中的な豪雨がよく発生します。建物にとっては最も過酷な状況に晒されることになり、残念ながら想定を超えてしまうこともあります。この際に重要なのは、速やかに適切な対策を行なうことです。新しい建物の場合には、先述した竣工図や工事写真により、原因の究明が比較的容易に行なえます。設計者と施工者が、漏水の状況を分析して的確な対策を行なうことによって、再発を防止出来るのです。

雨漏り以外にも、使い始めには不具合が発生しがちです。設備機器などの機械類にも初期不良などが起こる場合があります。この場合でも、的確な対策を講ずることで再発を防止出来ます。またこのような初期の対策の費用については、施工者が負担する場合がほとんどです。ただ一般的には竣工引渡し後2年間が、不具合対応の一つの目安となっています。もちろん2年で壊れてしまっては言語道断ですが、新築工事における不具合というのは、特に初期に集中する傾向があり、徐々に減っていきます。一方で、使い方による故障が増加する傾向があるのです。だからといって設計者と施工者が、2年を限りにその建物と縁を切るということでありません。建物が使い続けられる限り、彼らはその維持管理に協力する義務を負います。言い換えれば、ここでも発注者との信頼関係の持続が重要となるわけです。

2 使い続けるには手入れが不可欠
——機能維持と修繕計画——

建物を使い続けるには、当然ながら手入れが必要です。掃除や窓拭きといった日常的なことから、数十年に一度の大規模な修繕まで、様々な手入れが必要となります。建物は数多くの部分から成り立っており、それぞれに応じて適切な手入れの仕方があります。例えば鉄で出来た手摺などの部分なら、5年に一度位の再塗装が必要ですし、外壁なら10年から15年毎に補修と再塗装が必要です。エレベーターは3ヶ月に一度の定期点検に加えて、30年程度で入れ替えが必要と言われています。これは自動車の車検と買換えに少し似ています。

建物は雨風や直射日光に晒されているので、これらの手入れを怠ると機能は著しく劣化してしまいます。それから建物は、地震でなくても結構振動しているのです。このことも劣化を早める原因となります。振動を止めることはできませんが、定期的な点検と適切な手入れによって劣化の早さを遅くすることは可能です。言い換えれば、建物のアンチエイジングということです。

建物を使って事業を行なっている企業であれば、これらの手入れや修繕は事前に計画されており、予算措置もされているので、建物を長く使うことが出来ます。また分譲マンションでは修繕積立金というものがあり、入居者全員が毎月一定額を積立てておいて、定期的な修繕費に充てようという仕組みです。国土交通省の平成20年の調査によると、一戸あたりの平均月額は1０８９８円とのことです。この調査によると住戸の平均面積は69・86㎡とありますから、この住宅を例えば４千万円で購入したとすると、30年間での修繕積立金額は約４百万となり、購入額の１割になります。また購入額の内訳として土地代と建物代が半々だと仮定したら、積立金額は建物購入額のなんと２割になります。建物の機能維持のためには、このような修繕費用の確保が不可欠となるのです。

企業の建物や分譲マンションの場合には、このような対策が行なわれているので、計画的な手入れや修繕が可能です。しかし個人住宅や、個人が経営する賃貸住宅やテナントビルの場合には、このような計画がなされていないことがあります。例えば４千万円で個人住宅を30年間のローンで新築するような場合を考えてみましょう。自己資金と毎月の返済額に応じてローンを組むわけですが、月々の収入から必要な生活費を差し引いた額を返済に充ててしまうと、将来必要となる修繕費用は見込めなくなってしまいます。建物が新しい間はいいのですが、前節で述べたように不具合は年数を経るごとに起こりやすくなります。かつ定期的な手入れや点検を怠っていると、さらに起こりやすくなります。これからローンを組もうという人は、日々の生活費に加えて建物の修繕費も忘れないようにしてほしいと思います。

参考までに、財団法人マンション管理センターが修繕費試算のベースとした建物部分とその修繕周期は次の通りです。

外壁12年、鉄部塗装4年、屋上防水12年、給排水管20年、ガス管30年、電気設備20年、給水設備25年、エレベーター設備30年。8階建75戸（専有面積69㎡／戸）のモデルで必要な修繕積立金は、一戸あたり月額11433円と試算しています。

それから建物の維持には修繕費の他に管理費が必要です。これは日常の清掃や点検、設備などの消耗品の交換、共用部分の光熱費、管理会社の報酬などに充てられる費用です。個人住宅ではそれほど気にしなくても良いと思いますが、分譲マンションでは修繕積立金とは別に必要となる費用です。不動産経済研究所の平成18年の調査によると、首都圏のマンションでは、一戸あたりの平均月額は1万5千円程度とのことです。修繕積立金よりも高くなっていますので、マンション購入をする際には、管理費の金額にも注意してほしいと思います。

3 古い建物を活用する――意匠刷新と用途転換

前節では建物を長く使うために、その機能を維持し回復することについて述べました。ここでは建物の改修や改造について考えてみたいと思います。

商業施設などでは、よくリニューアルオープンということを耳にします。文字どおり建物を改修して再開する時のキャッチフレーズです。以前の施設よりも新しく綺麗になったことをアピールしているわけです。いわば建物の大体的なお化粧直しと言えるでしょう。大規模な改修の場合には、数ヶ月にわたって閉店して工事を行ない、お店も大幅に入れ替えるのが通例です。古い建物ならば、外装を一新したり設備関係を修繕したりもします。建物として再利用されているのは、構造体だけという場合もあります。それでも解体して建て替えることに比べると、費用的にも工期的にも有利になる場合が多いのです。ただし古い建物（昭和56年以前の建物）だと、構造体そのものが現在の法的基準を満たしていないことが多く、その改造費を加算すると新築するほうが安くなることが多いため、古い建物は解体撤去されることになります。

地震の多い日本では、大きな地震のたびに建物の構造基準が見直され、より厳しくなってきました。古い建物は新しい基準に満たない場合が多いのです。だからと言って古い建物を使ってはいけないということではありません。既存不適格建築物という名称で法的には黙認されるのです。ただし大規模な改修をしようとすると、現行法が適用されるために、構造体の改造が必要となるわけです。日本で古い建物が残されにくいのには、このような理由が背景にあるのです。

このような商業施設とは、まったく事情が異なるのが官公庁をはじめとする公共的な建物です。阪神淡路大震災のあと、これらの建物では構造体の補強工事が数多くなされました。万が一の災害時にも公共施設としての機能を維持するために、建物をより頑丈にする必要があったわけです。構造体の物理的な耐用年数は、一般的に60年程度と言われています（実際にはもっと長く持つものも多くあります）。現行法での構造基準は満たしていないものの、まだまだ使える建物が補強工事の対象となりました。

また最近では建物の用途転換ということがよく言われます。事務所ビルであった建物を共同住宅やホテルに改造するような場合のことです。社会構造の変化によって、かつてオフィス街として賑わった町が、空室だらけになっているのをよく目にします。また郊外に住んでいたものの、高齢化にともなって都心に移住する人たちが増えています。このような状況に対応して、建物の用途転換を検討する動きがあるのです。現実的には難しい課題が多いのですが、比較的新しい建物に空室が目立つようになると、街の活性化といったような社会的な観点からも、もっと検討されるべきことだと思います。

一方で自然発生的な用途転換の例は数多くあります。例えば都心のマンションでは、住居としてではなく個人の事務所として使われているケースをよく見かけます。あるいは物販施設が飲食施設に変わったり、倉庫が工房やアトリエに転用されたりしている例や、古い民家を利用したカフェやレストランもあります。このような個人レベルの事例だけではなく、最近では町おこしのために自治体も協力して建物群を活用しようとする動きもあります。古い町並みを有する市町村で多く見られます。

建物の用途転換の問題は、本来ならば社会的ストックとしての建物を多く抱える都心部でこそ、地元と自治体が協力して取り組む課題であると思います。個人や商店主による集団の努力には自ずと限界があります。シャッターが閉まったままの商店街や、空室が目立つオフィス街をそのままにしておくことが、その町の将来にとって致命傷になることは論を待ちません。人々の暮らしは町と建物に支えられているということを、改めて申し上げたいと思います。

おわりに

平成27年には、建物の杭工事における施工データの偽装が悪しき話題となりました。このことに端を発して、建物の施工不良に関する事柄がマスコミで数多く取り沙汰されました。かつて平成17年には、構造設計に携わる建築士が、構造計算書を偽装して社会問題（いわゆる姉歯事件）となったことがありました。天災や事故による建物の基準の見直しは、経験則を生かすという意味で前向きに考えられますが、このような一部の人間の作為的な偽装によって法律や基準が厳しくなるのは、とても悔しく残念に思えてなりません。また一般の人たちが建物を疑いの目で見るような風潮を、本当に情けなく思います。

建物を作ることを生業とする個人や企業にとって、建物は確かに利益獲得の手段に他なりません。しかし建物は一度作ってしまうと、出来の良し悪しにかかわらず何十年と残る宿命を背負っています。設計者や施工者としてやって良いことと悪いことは厳しく峻別されねばなりません。偽装によって傾いた建物が示すとおり、悪事は必ず露見するものなのです。

冒頭に述べたように、建物は非常に複雑かつ専門的な知識と技術の集大成です。建物を作ることに携わるほとんどの人たちは、専門職としての誇りを持っています。にもかかわらず、なぜこのような問題が起こってしまったのか。また東京五輪の競技場計画はなぜ見直さざるをえなかったのか。豊洲への市場移転はなぜ遅れたのか。このような問題意識から本書を書き出しました。しかしこれらの原因を求めるのが目的ではありません。建物を作り出すための様々で複雑な過程をわかりやすく解説し、一般の人々に正しく理解をしてもらうことが本書の目的です。読後に建物に対する不信感を少しでも取り除いてもらえたら、建築に携わる人間としてこれほど嬉しいことはありません。

平成29年7月　著者

参考図集

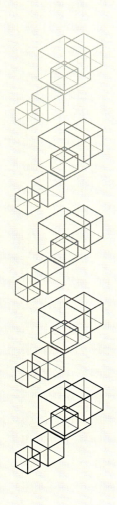

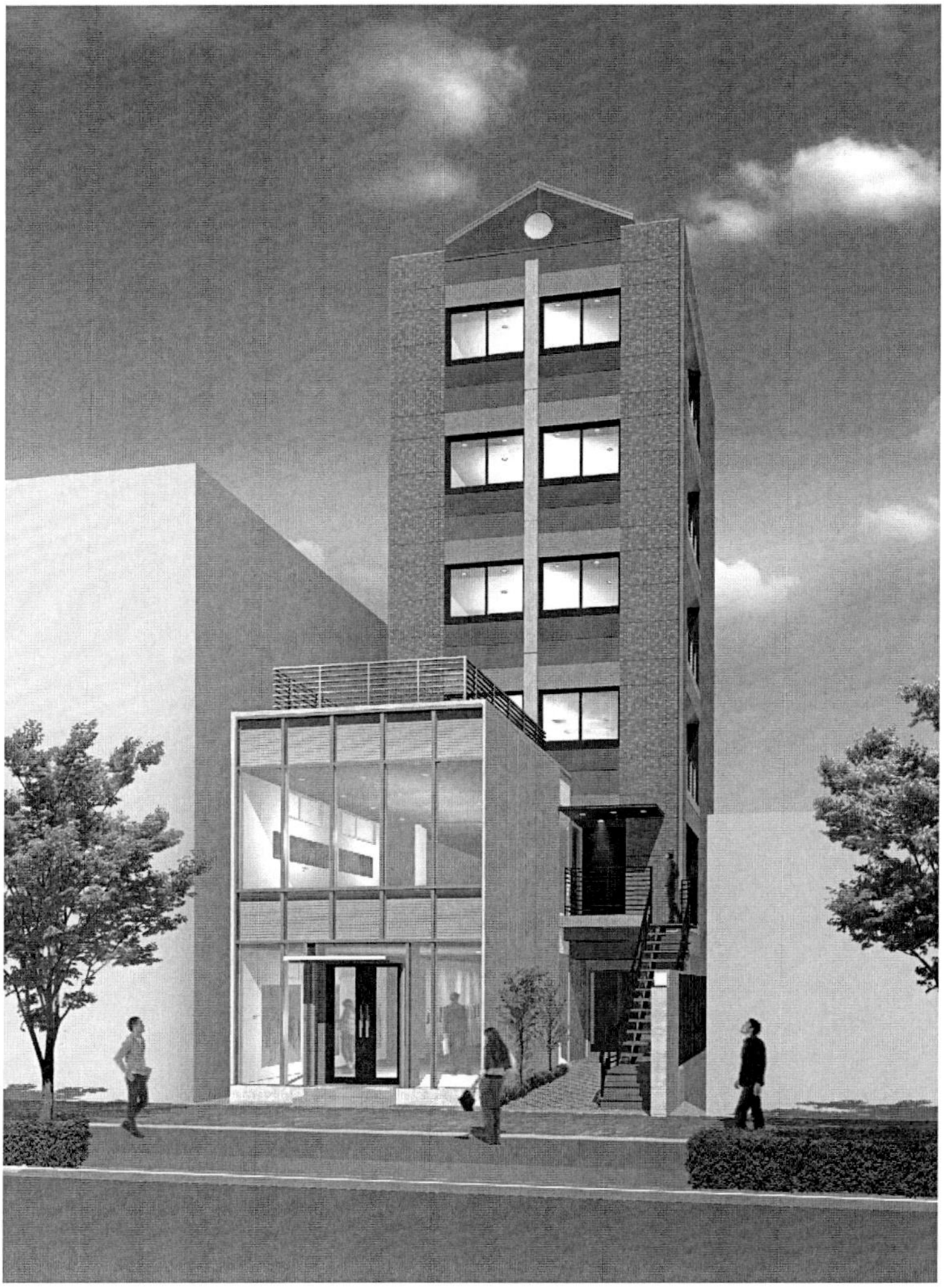

完成予想図

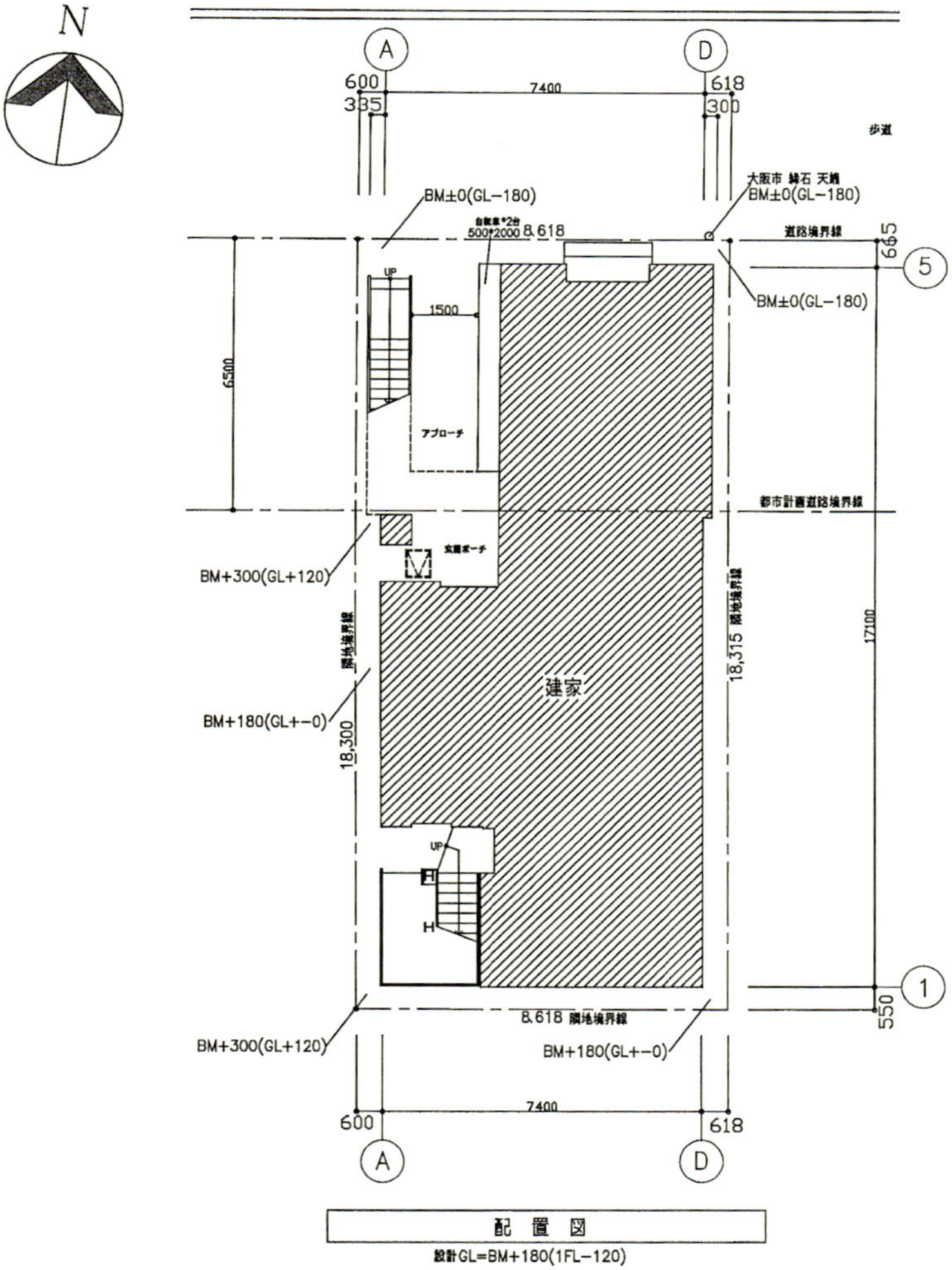
N
A
D
600
335
7400
618
300
歩道
大阪市 鋲石 天端
BM±0(GL−180)
BM±0(GL−180)
自転車*2台
500*2000
8,618
道路境界線
665
5
BM±0(GL−180)
UP
1500
6500
アプローチ
都市計画道路境界線
玄関ポーチ
BM+300(GL+120)
隣地境界線
18,315
隣地境界線
17100
建家
BM+180(GL+−0)
18,300
UP
H
1
550
8,618 隣地境界線
BM+300(GL+120)
BM+180(GL+−0)
7400
600
618
A
D
配 置 図
設計GL=BM+180(1FL−120)

配置図

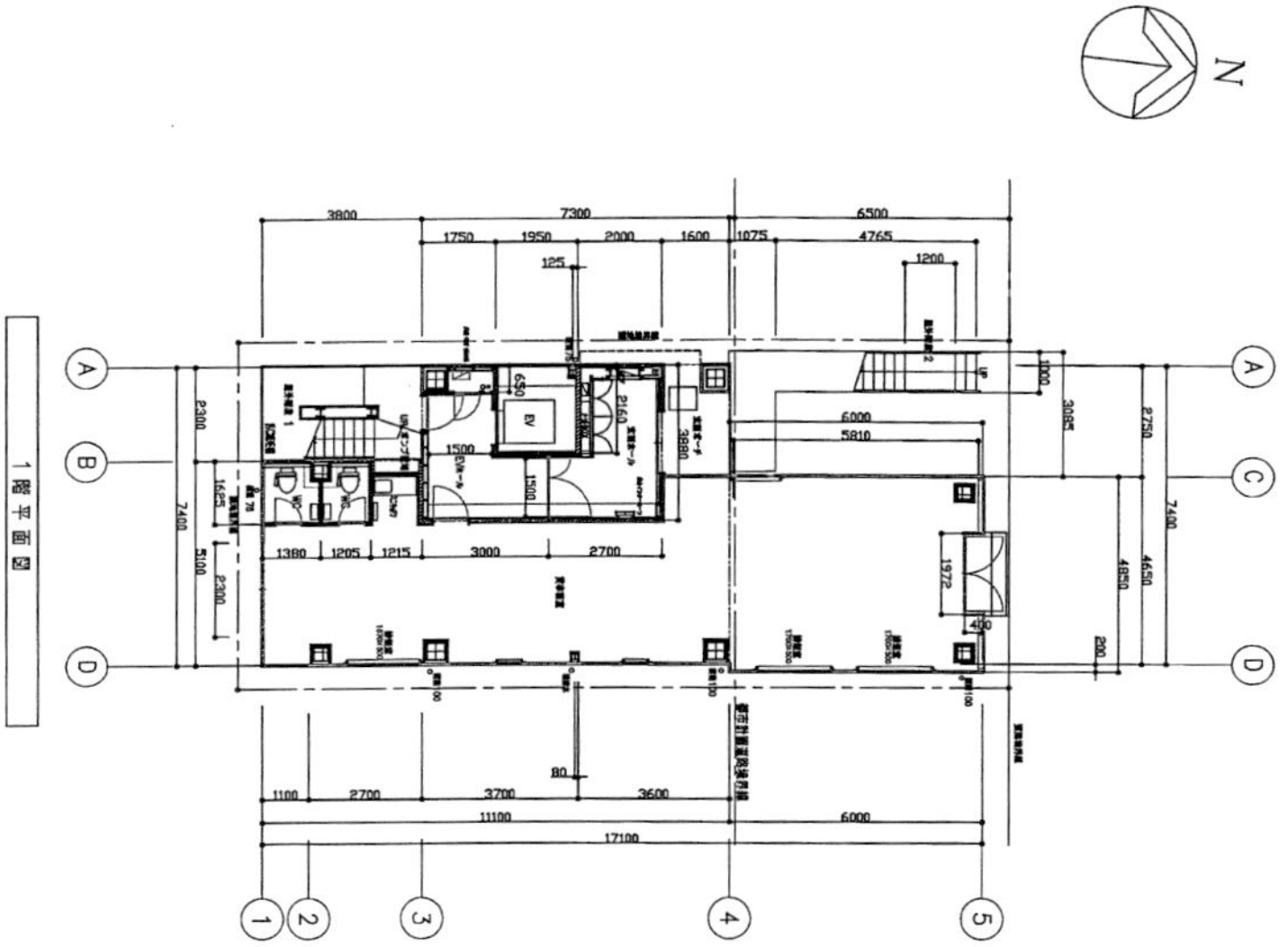

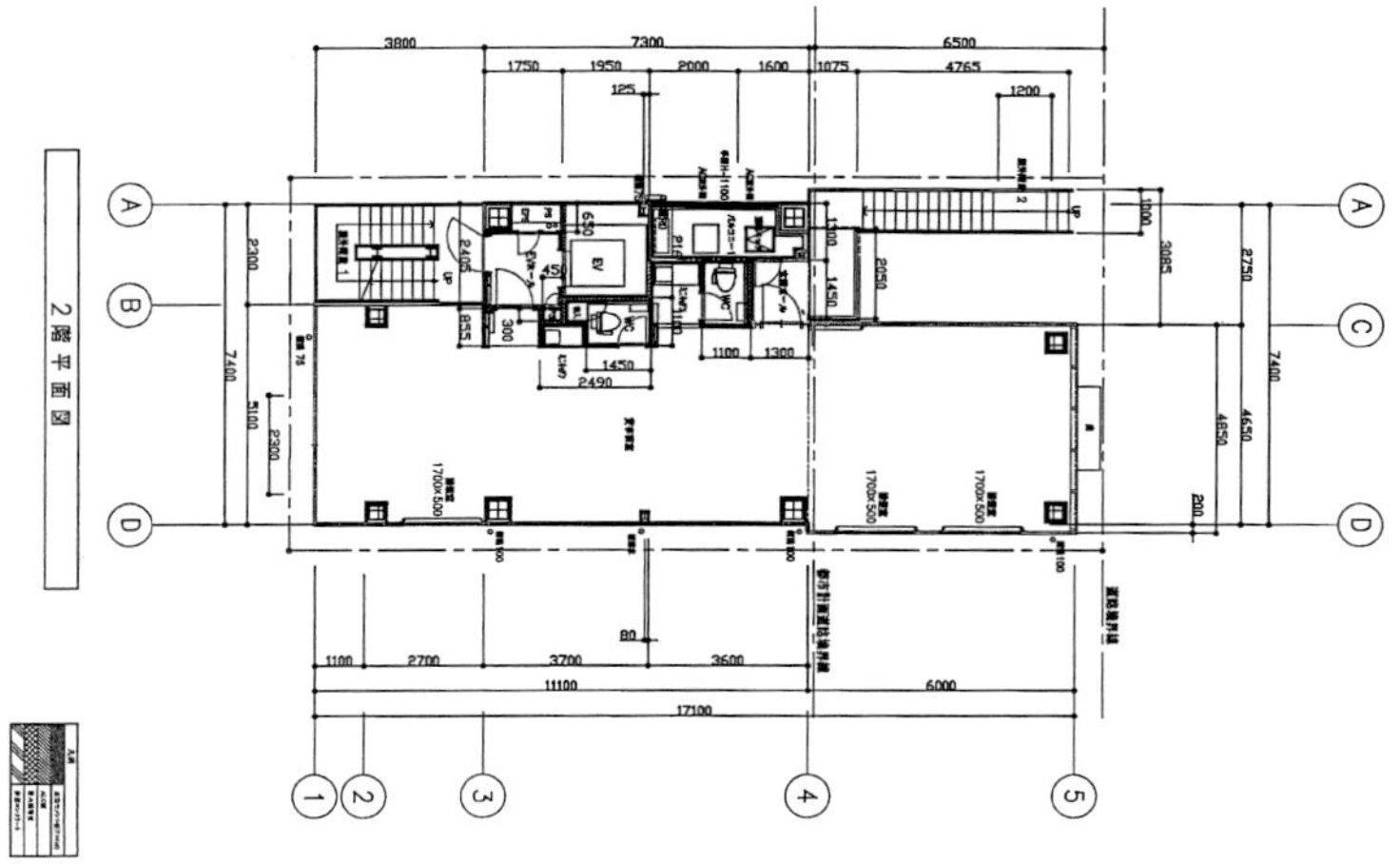

平面図

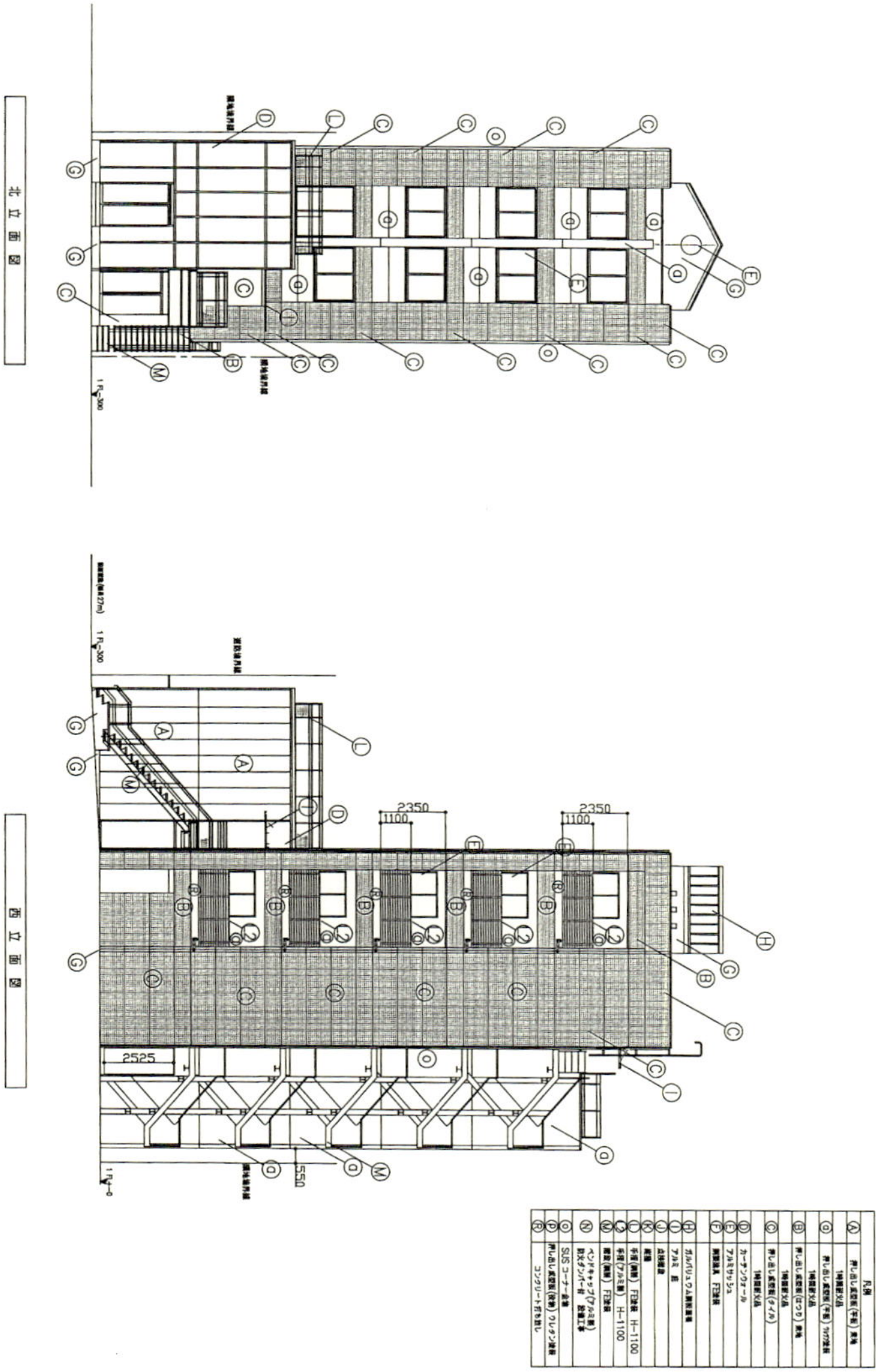

立面図

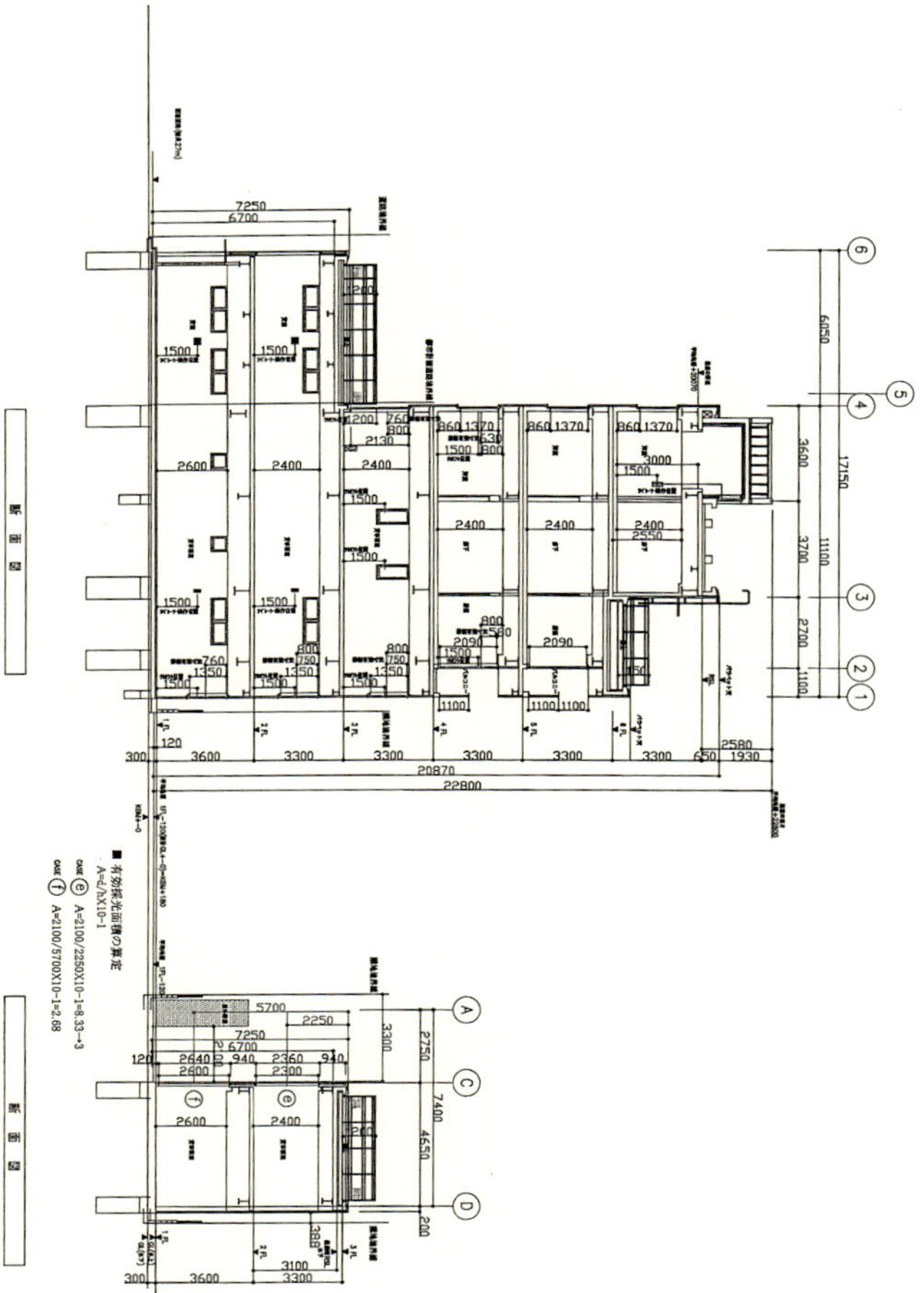

断面図

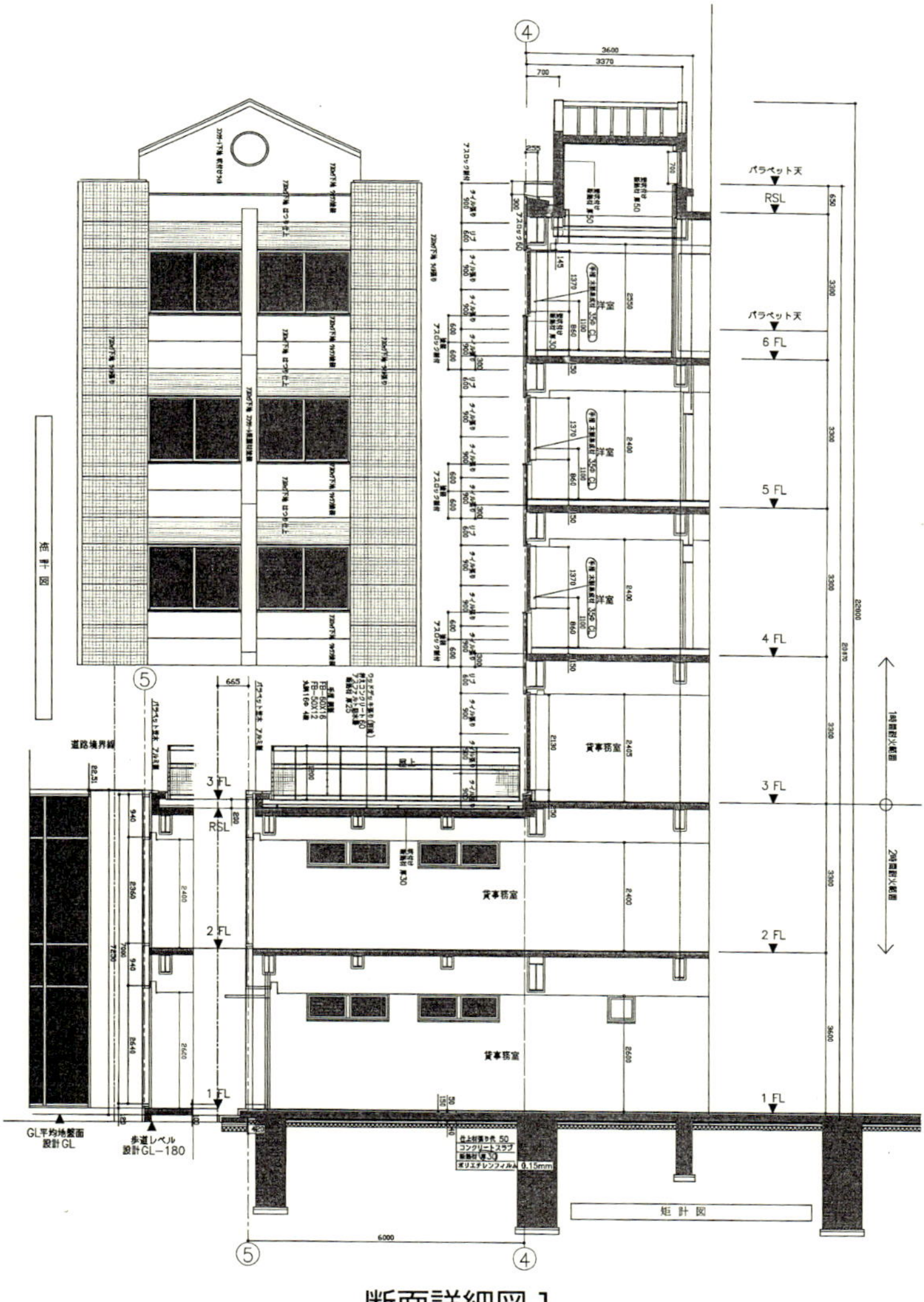

3600
3370
700
パラペット天
RSL
6 FL
5 FL
4 FL
3 FL
2 FL
1 FL
貸事務室
貸事務室
貸事務室
矩計図
矩計図
道路境界線
GL平均地盤面
設計GL
歩道レベル
設計GL−180
6000
22600

断面詳細図 1

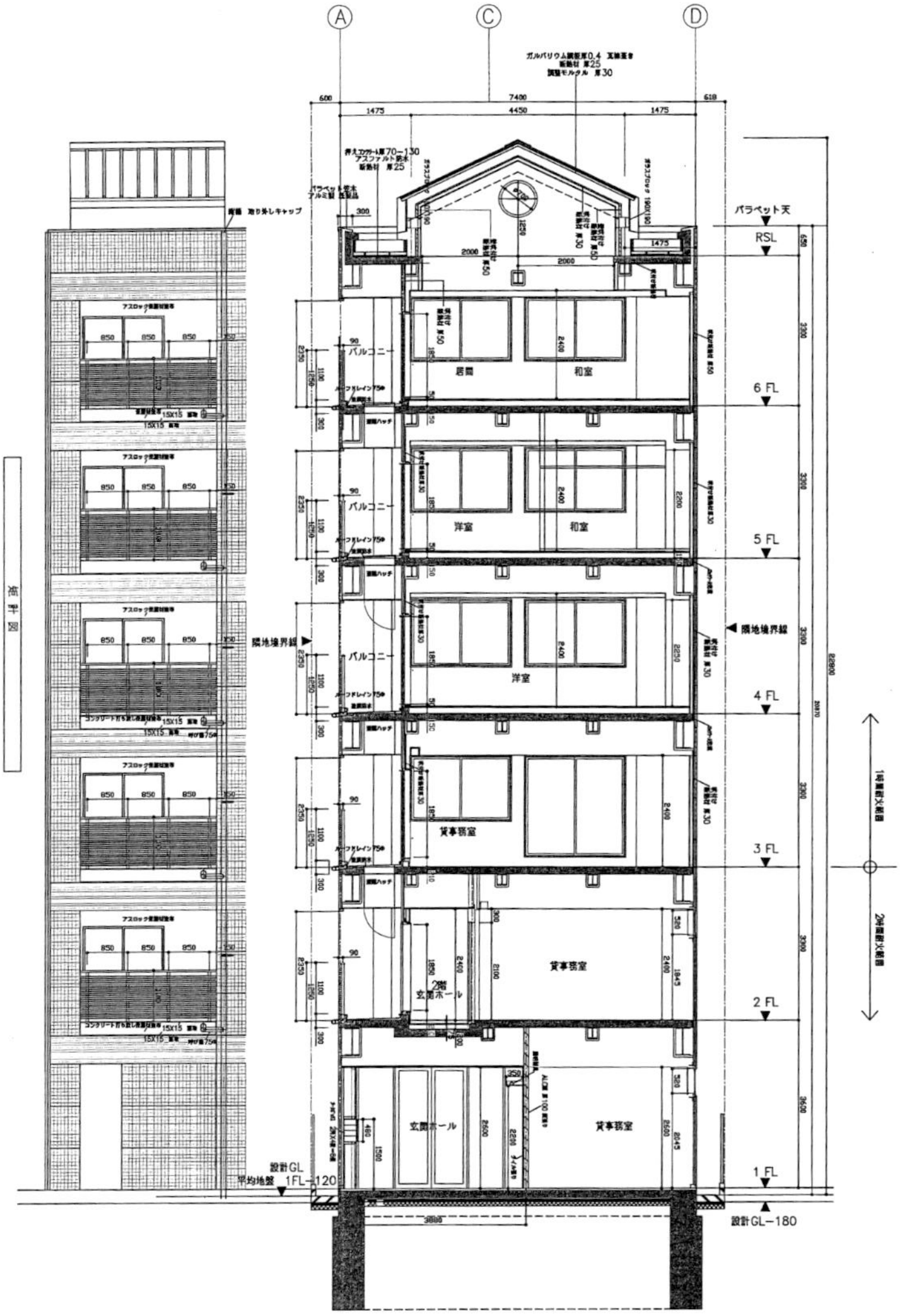
7400
1475
4450
パラペット天
RSL
6 FL
5 FL
4 FL
3 FL
2 FL
1 FL
バルコニー
居間
和室
洋室
貸事務室
玄関ホール
隣地境界線
設計GL
平均地盤
1FL−120
設計GL−180

断面詳細図2

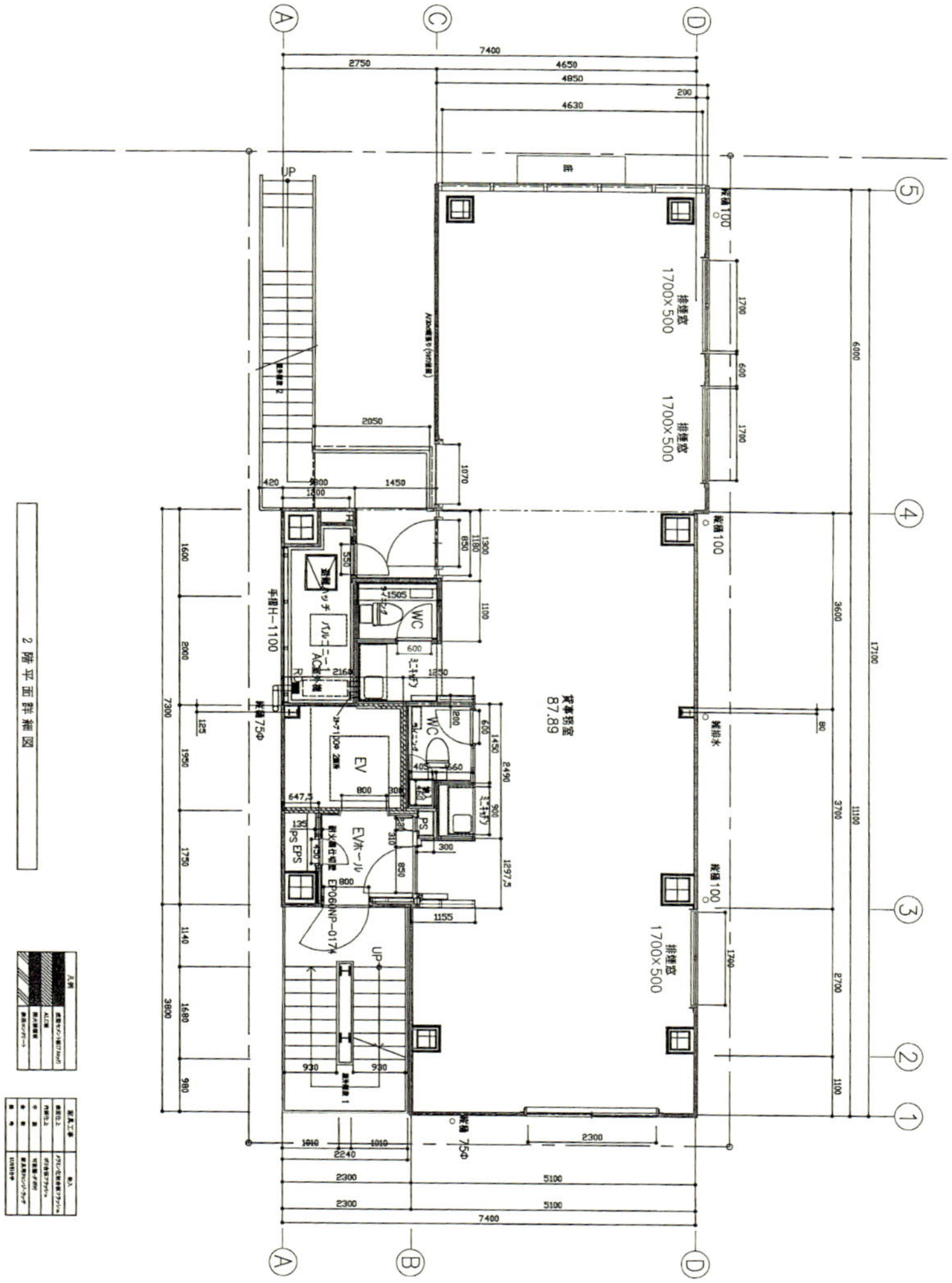

平面詳細図

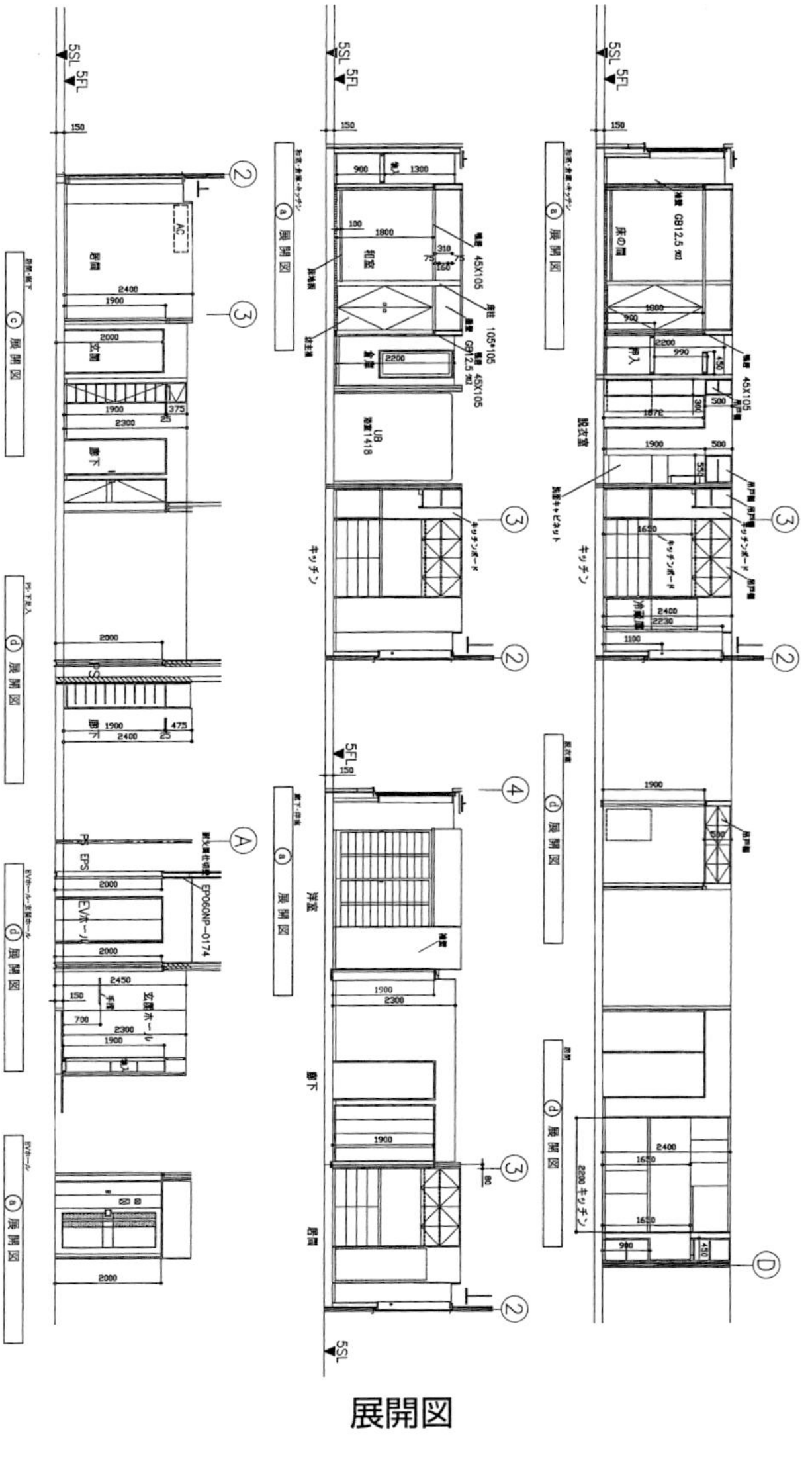
5SL
5FL
ⓐ 展開図
ⓒ 展開図
ⓓ 展開図
和室
洋室
キッチン
廊下
脱衣室
床の間
押入
キッチンボード
UB
EVホール
玄関ホール
EPS
PS
AC

展開図

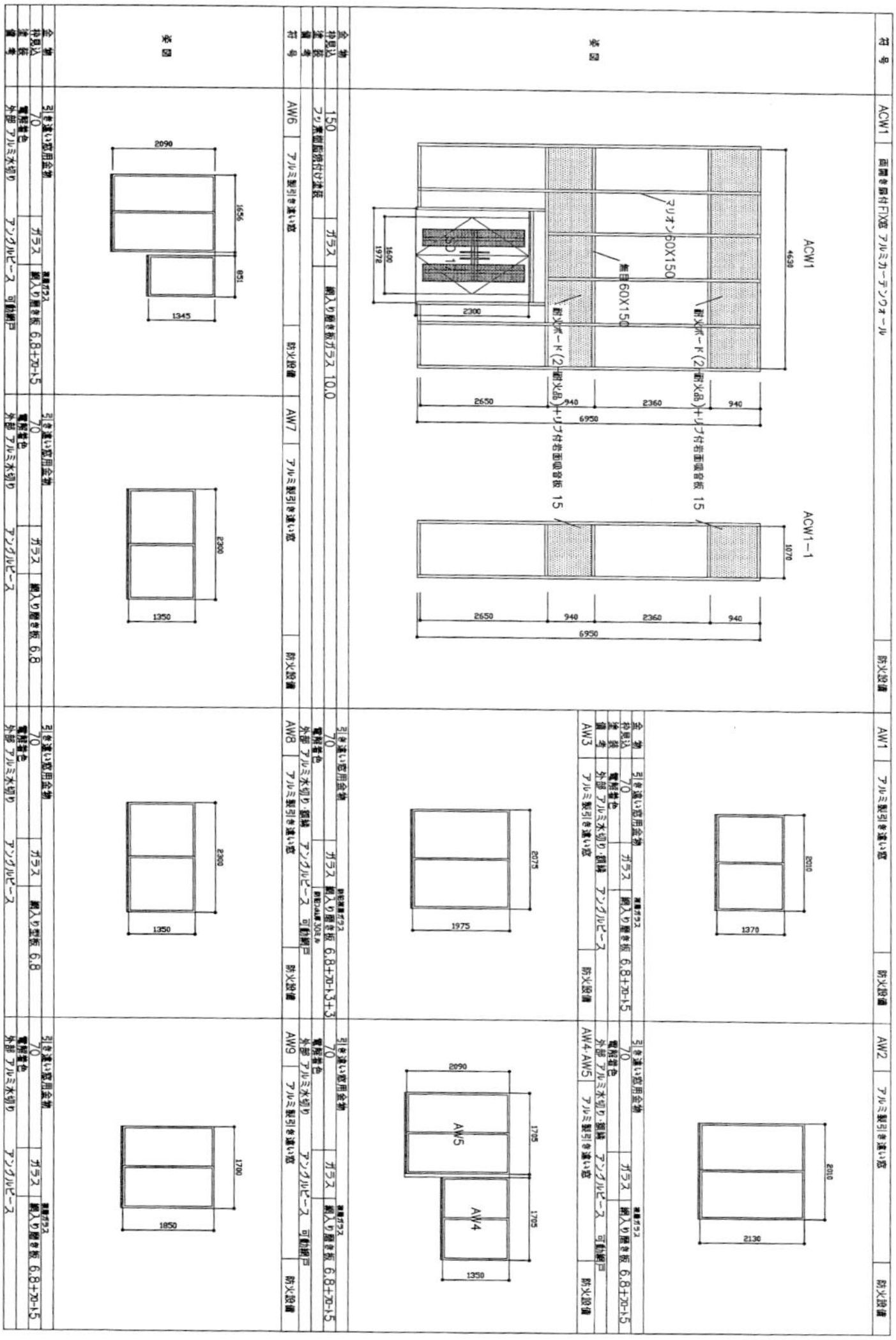
符号
姿図
ACW1
両開き扉付FIX窓 アルミカーテンウォール
防火設備
マリオン60X150
無目60X150
耐火ボード(2時間耐火品)+リブ付岩面吸音板 15
ACW1-1
AW1
アルミ製引き違い窓
AW2
AW3
AW4・AW5
AW6
AW7
AW8
AW9
引き違い窓用金物
ガラス
網入り磨き板ガラス 10.0
網入り型板 6.8
アングルピース
可動網戸
外部 アルミ水切り
金物
枠見込
塗装
備考

建具表

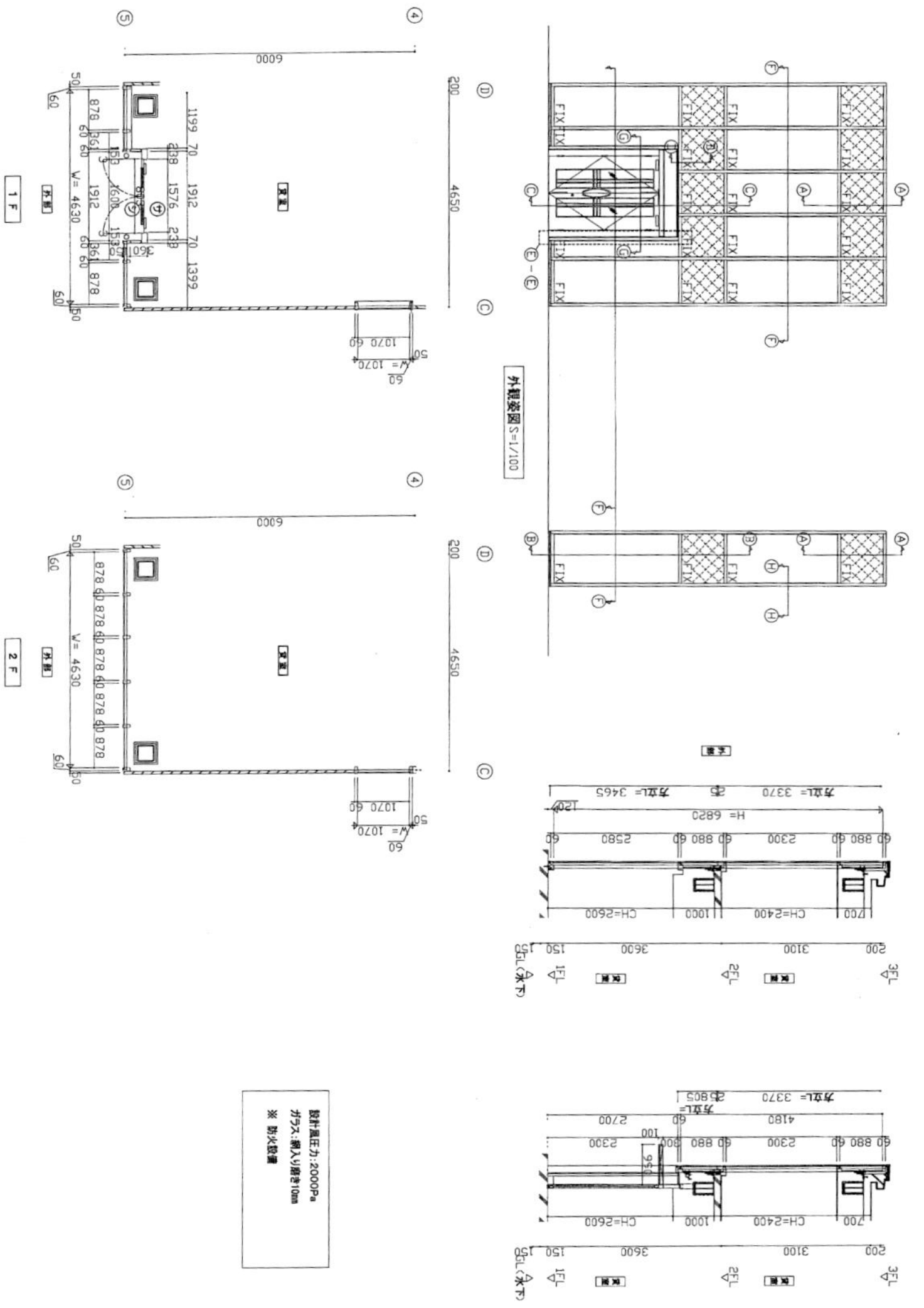

建具詳細図

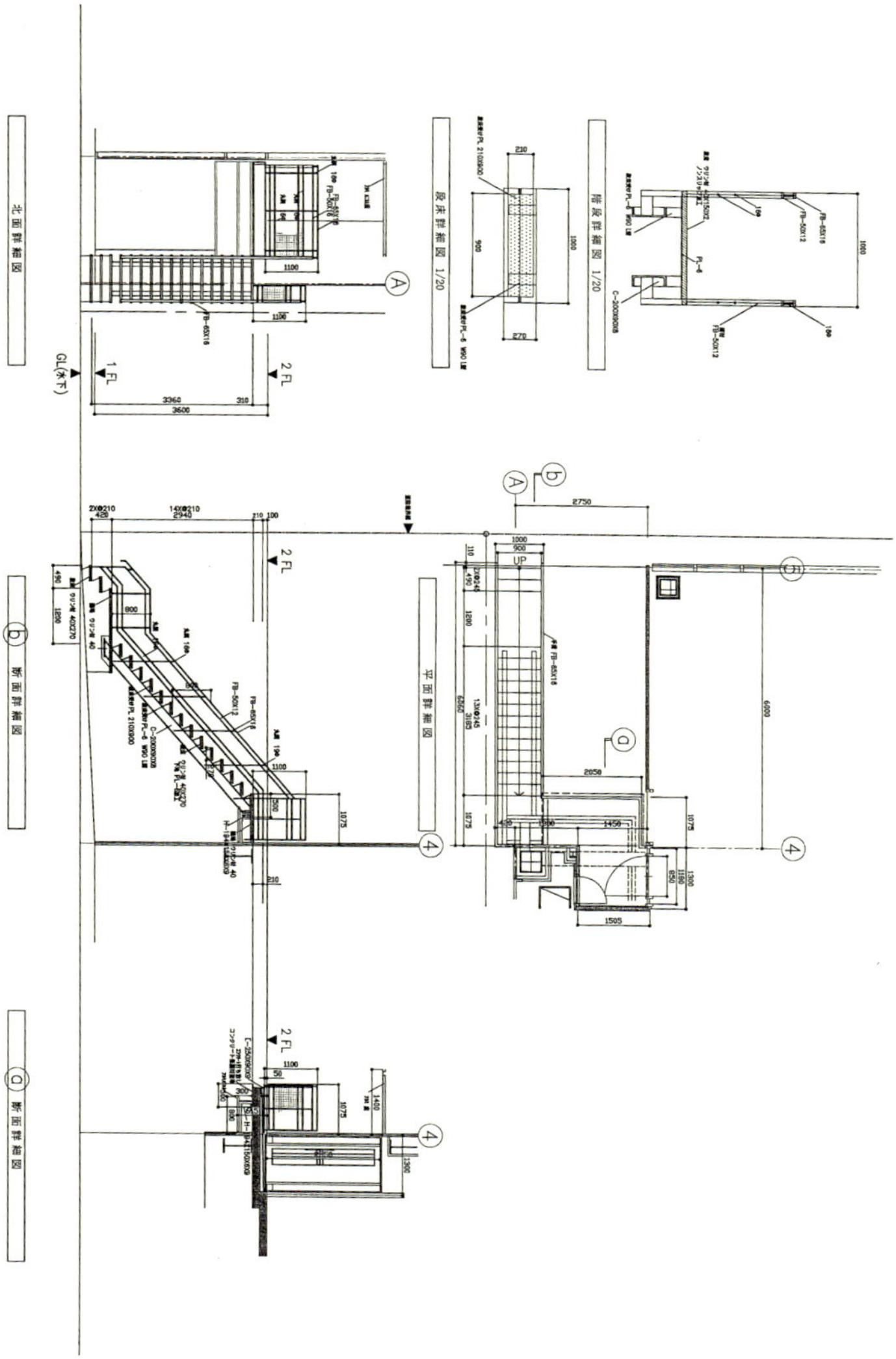

階段詳細図

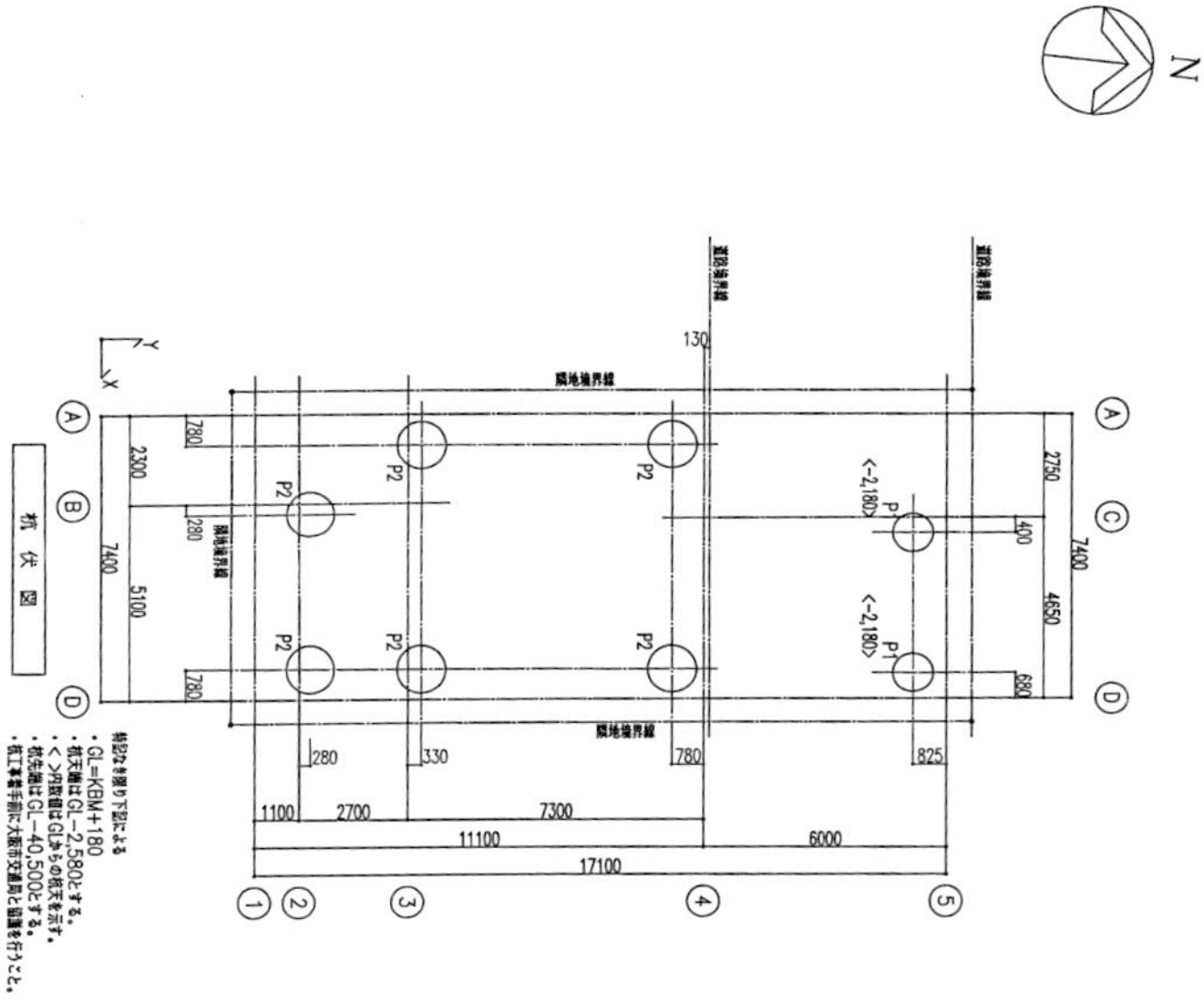

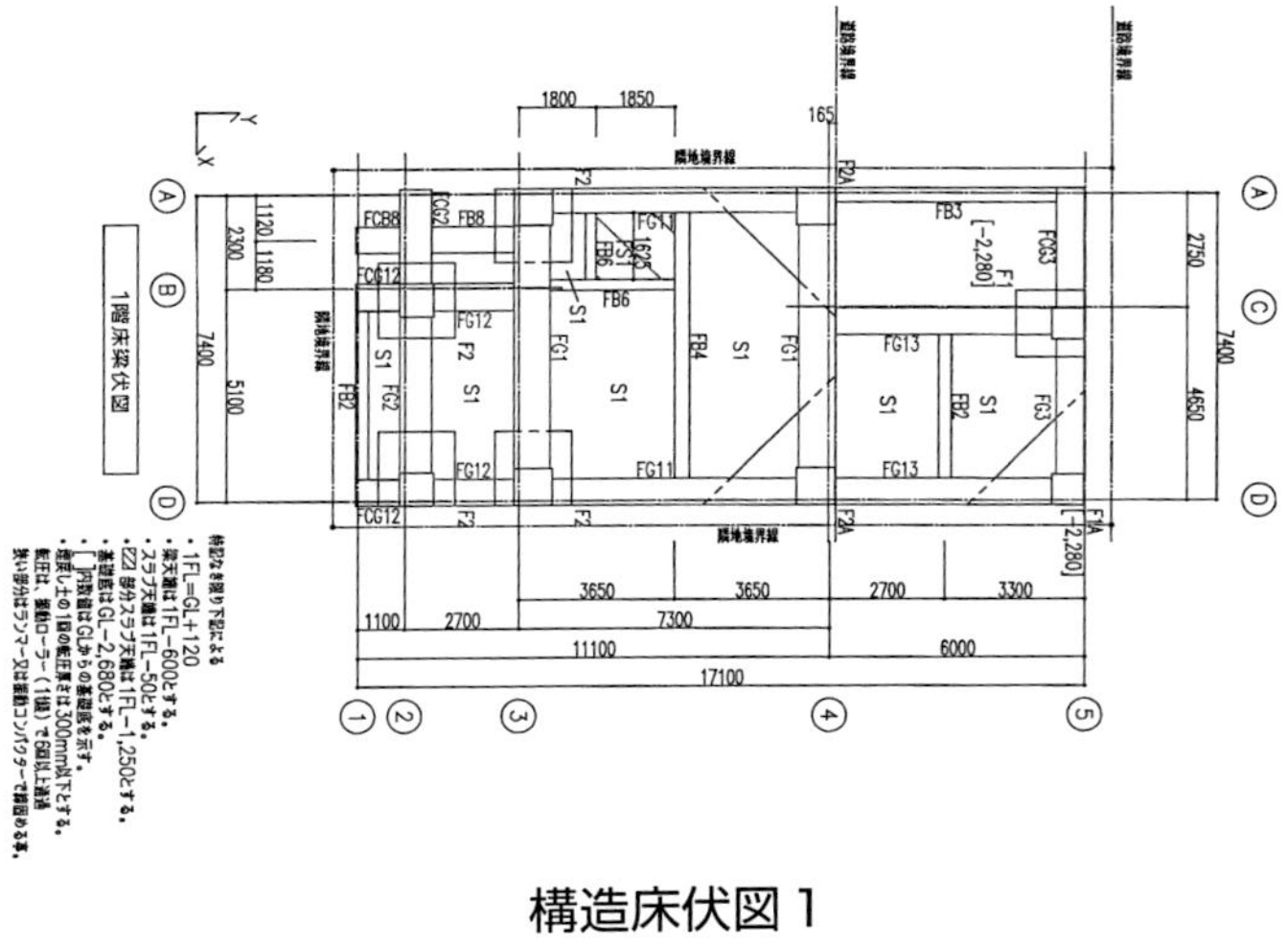

構造床伏図 1

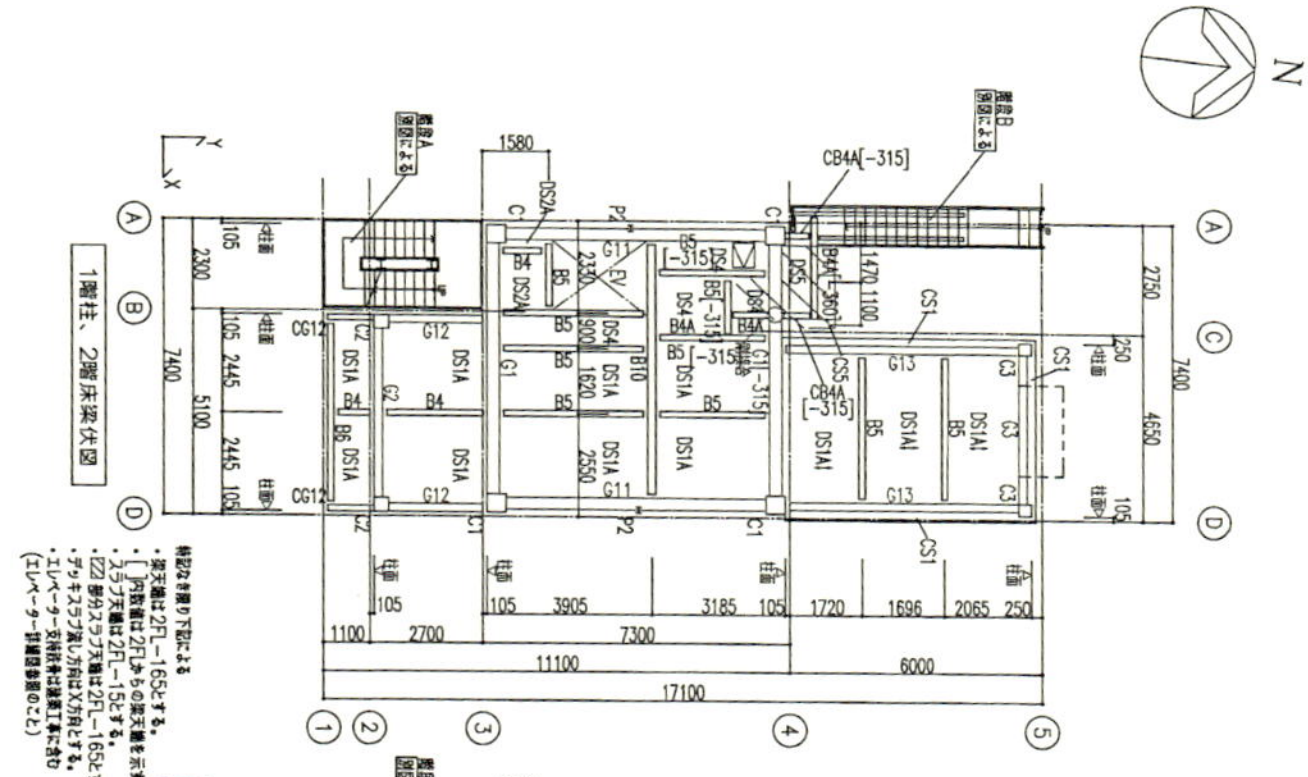

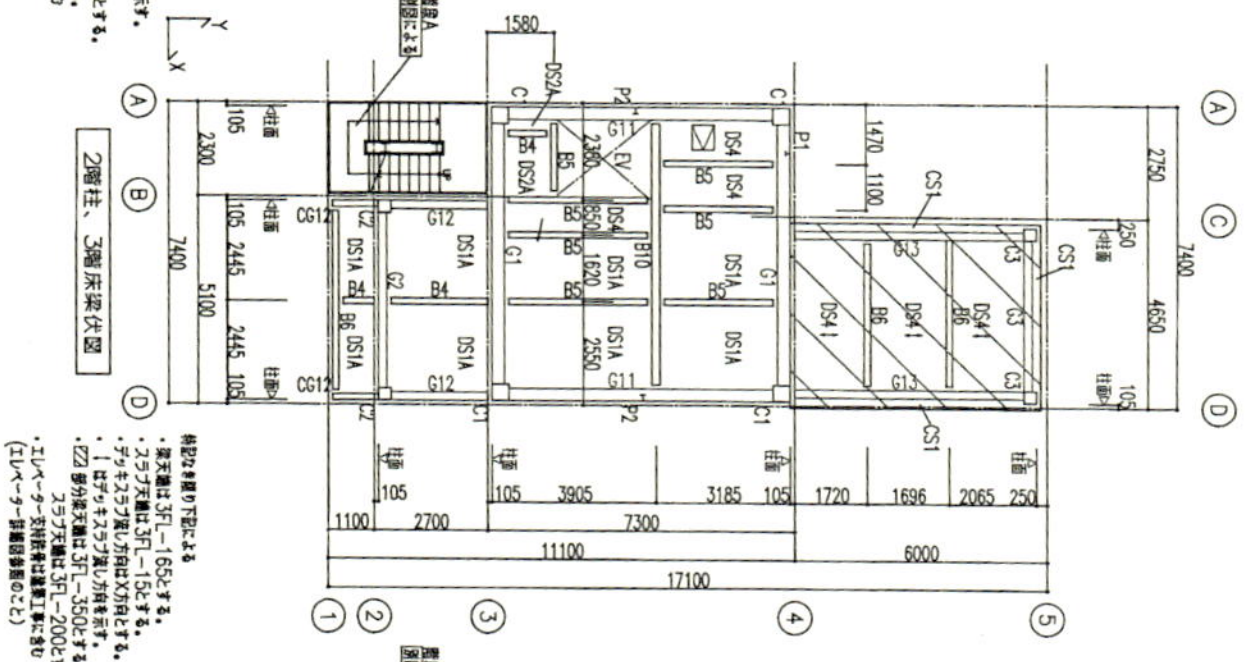

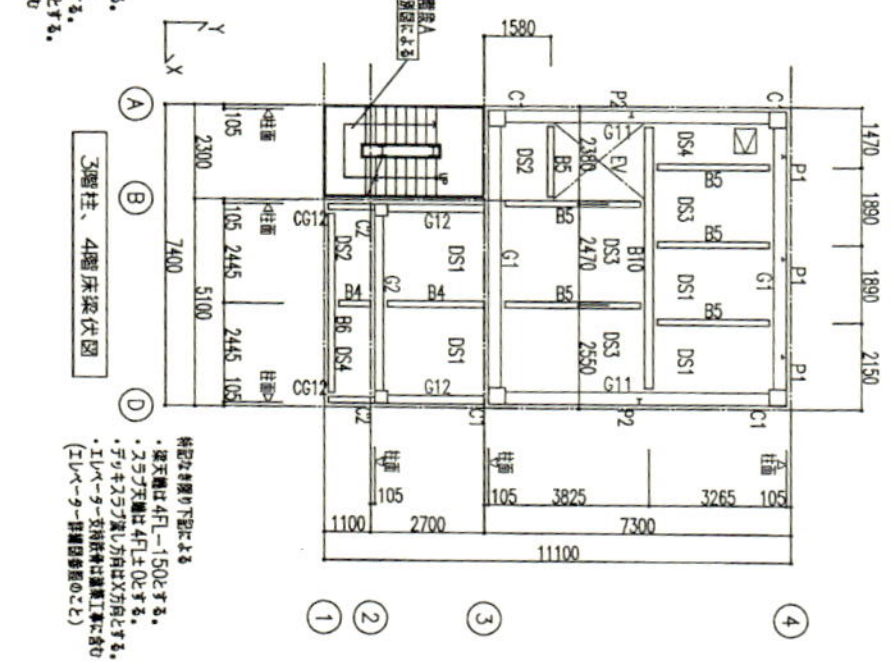

構造床伏図２

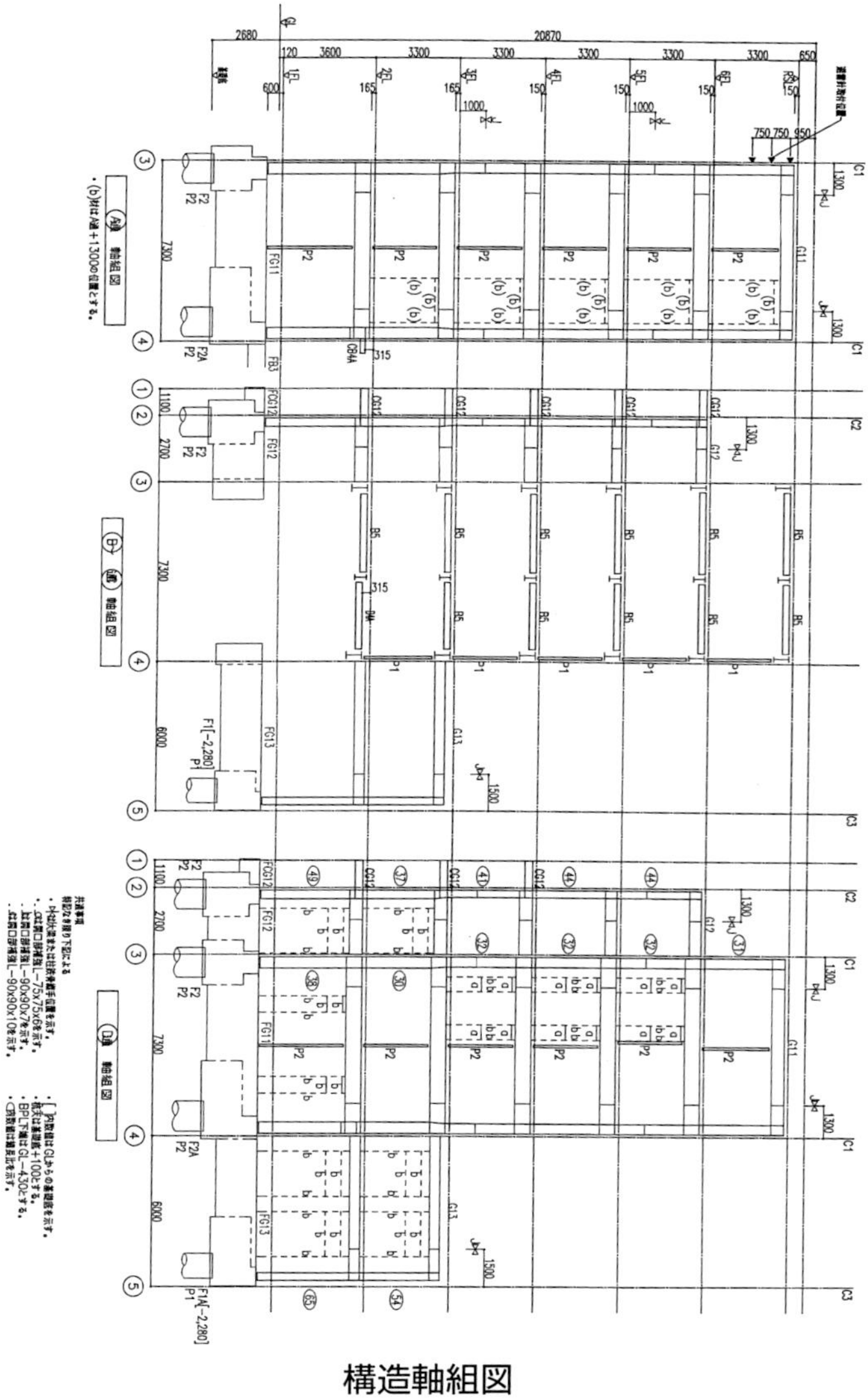

構造軸組図

杭構造特記事項

◎杭仕様

特記なき事項は場所打ちコンクリート杭施工指針・同解説（社団法人日本基礎建設協会編）に準拠する。

1．杭施工はアースドリル工法とする。
2．施工に先立ち施工計画書を提出し係員の承認を得る．現場作業責任者は基礎施工管理士（社団法人日本基礎建設協会認定）同等以上とする。
3．掘削孔周壁が崩壊しないように安定液を用いる。
4．孔底に沈殿するスライムや他の沈殿物の底ざらえはバケット等により完全に除去し（一次処理）係員の承認を得る．又、コンクリート打設前に、2次スライム処理（ポンプリフト式）を行う。
5．トレミー管先端はコンクリート面より2．0m以上下部にあるよう調整しながら連続的に打設する。
トレミー管先端にはプランジャーまたは底蓋を取り付ける。
6．余盛りは800mmとする。
7．使用材料

水中コンクリート　Fc=27N/mm²（昼中施工の場合はAE減水剤遅延形とする。）

鉄筋　　主筋　D25以下　SD345

　　　　　　　D29以上　SD390

　　　　フープ筋　SD295A

鋼材　　SS400

◎鉄筋加工

1．かごどうしの主筋継手は重ね継手（L＝40d以上）とする．かご状に組み立て中の主筋継手は圧接とする。
2．フープ筋は主筋に全て結束線にて結束する。
3．フープ筋は重ね200mmとし長さ片面10d以上のフレア溶接する。
4．バンドプレートFB-6×65は@3，000mm以内で杭主筋に内接する位置に溶接する。
5．主筋のスペーサーは丸井産業株式会社のアーススペーサーK型（H=80）（又は同等品）を@3000mm以内に取り付ける

横方向の個数は以下とする

φ　700～φ1，400　4ヶ所

φ1，500～φ1，900　6ヶ所

φ2，000以上　　　8ヶ所

◎超音波孔壁測定

1．2本超音波孔壁測定を行う。
2．コンクリート打設前に超音波孔壁測定を行ない孔壁に異常がないことを確認する。

スペーサー

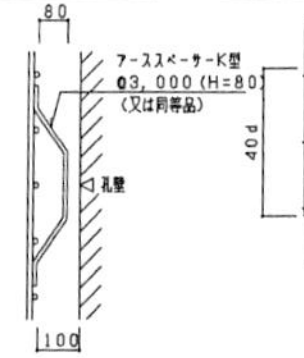

主筋継手要領図

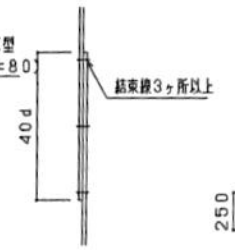

杭底部要領図

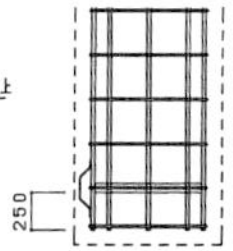

杭配筋要領図

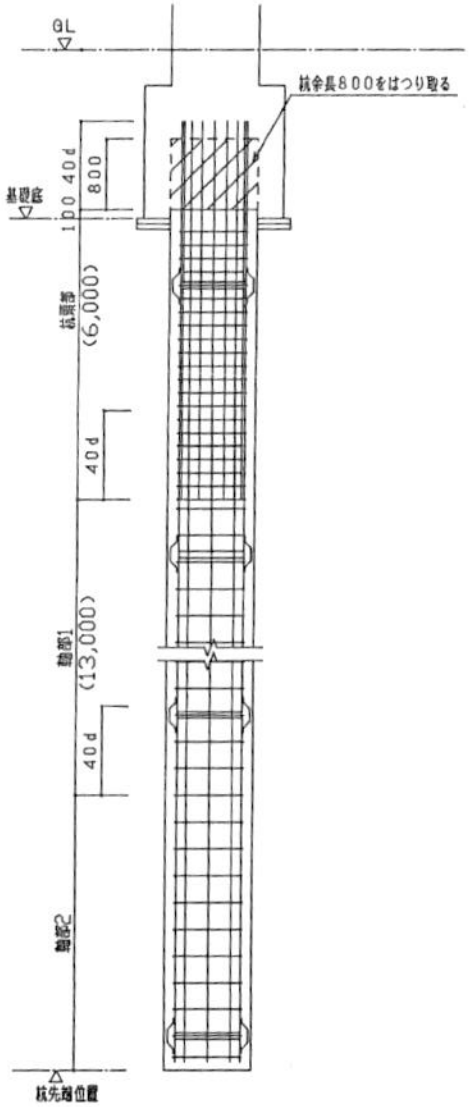

杭リスト　1/50

符号		P1	P2
杭先端		GL-40,500	GL-40,500
杭頭部	断面	φ1,000	φ1,200
	主筋	14-D35	18-D35
	フープ	D13-○-@150	D13-○-@150
軸部1	断面	φ1,000	φ1,200
	主筋	14-D32	18-D32
	フープ	D13-○-@300	D13-○-@300
軸部2	断面	φ1,000	φ1,200
	主筋	14-D29	18-D29
	フープ	D13-○-@300	D13-○-@300

杭リスト

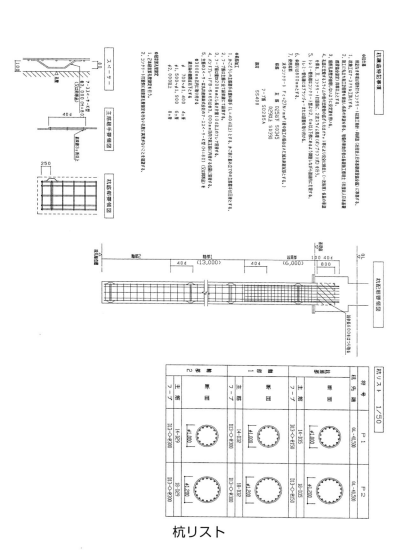

基礎梁リスト 1/50

特記なき限り下記による
・幅止筋はD10－@1，000とする。
・地業は捨てコン厚50，砕石厚60とする。
・FG11の主筋は④端で折り曲げ定着すること。

設計基準強度	符号	FG1	FG2	FG3		FG11	FG12	FG13			FCG2	FCG3	FCG12
	位置	全断面	全断面	全断面		全断面	全断面	④端	中央 ⑤端		全断面	全断面	全断面
Fc27	断面	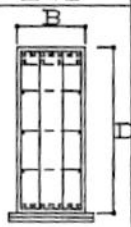							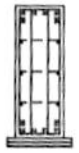			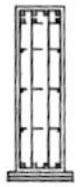	
	B×D	850 x 2,000	750 x 2,000	600 x 1,600		600 x 2,000	600 x 2,000	600 x 1,600			750 x 1,200	600 x 1,600	600 x 800
	上端筋	7-D29	6-D29	4-D29		5-D29	5-D29	4-D29	4-D29		6-D29	4-D29	5-D29
		4-D29	2-D29	3-D29		5-D29	2-D29		2-D29		2-D29	3-D29	2-D29
	下端筋					4-D29	2-D29	2-D29	2-D29				
		7-D29	6-D29	4-D29		5-D29	5-D29	4-D29	4-D29		4-D29	4-D29	4-D29
	スタラップ	D13-Ⅲ-@150	D13-Ⅲ-@200	D13-Ⅲ-@200		D13-Ⅲ-@150	D13-Ⅲ-@200	D13-Ⅲ-@200			D13-Ⅲ-@150	D13-Ⅲ-@200	D13-Ⅲ-@200
	腹筋	6-D13	6-D13	6-D13		6-D13	6-D13	6-D13			4-D13	6-D13	2-D13
	備考												

設計基準強度	符号	〈FB1〉	FB2	FB3	FB4			FB6		FB8,FCB8
	位置	全断面	全断面	全断面	端部	中央		全断面		全断面
Fc27	断面									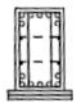
	B×D	300 x 500	300 x 600	390 x 700	350 x 800			250 x 1,000		600 x 1,000
	上端筋	3-D22	3-D22	4-D22	4-D22	4-D22		2-D22		5-D22
								2-D22		2-D22
	下端筋					2-D22		2-D22		2-D22
		3-D22	3-D22	4-D22	4-D22	4-D22		2-D22		5-D22
	スタラップ	D10-□-@200	D10-□-@200	D10-□-@200	D10-□-@200			D10-□-@200		D13-Ⅲ-@200
	腹筋	——	2-D10	2-D10	2-D10			4-D10		4-D10
	備考									

基礎梁リスト

大梁リスト

特記なき限り下記による
・鉄骨材質はSS400とする。
・( )内は鉄骨材質を示す。

階	符号	G1	G2	G3
R	部材	H-600x200x11x17		
	備考			
6	部材	SH-600x250x12x19	H-400x200x8x13	
	備考			
5	部材	H-588x300x12x20	H-400x200x8x13	
	備考			
4	部材	SH-600x300x12x25	SH-500x250x9x16	
	備考			
3	部材	SH-600x300x12x28	SH-500x250x9x19	H-400x200x8x13
	備考			
2	部材	SH-600x300x12x28	SH-500x250x9x19	SH-400x200x9x19
	備考			

階	符号	G11	G12	G13
R	部材	H-600x200x11x17		
	備考			
6	部材	SH-600x250x12x19	H-400x200x8x13	
	備考			
5	部材	H-588x300x12x20	H-400x200x8x13	
	備考			
4	部材	SH-600x300x12x25	SH-500x250x9x16	
	備考			
3	部材	SH-600x300x12x28	SH-500x250x9x19	H-400x200x8x13
	備考			
2	部材	SH-600x300x12x28	SH-500x250x9x19	SH-400x200x9x19
	備考			

階	符号	CG12
R	部材	
	備考	
6	部材	H-400x200x8x13
	備考	(SS400)
5	部材	H-400x200x8x13
	備考	(SS400)
4	部材	H-500x200x10x16
	備考	(SS400)
3	部材	H-500x200x10x16
	備考	(SS400)
2	部材	H-500x200x10x16
	備考	(SS400)

スタッド仕様

(スラブを受ける大梁、小梁共通)

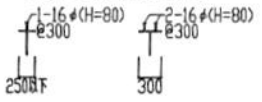

大梁継手リスト

特記なき限り下記による
・鉄骨材質はSS400とする。
・高力ボルトはF10T(S10T)とする。
・G12 ⓦ、G13 ⓦはウェブ接合のみとする。

母材	フランジ			ウェブ	
	ボルト	外側添板	内側添板	ボルト	添板
H-194x150x6x9	16-M20	2PL- 9x150x290	4PL- 9x 60x290	4-M20	2PL- 6x170x140
H-300x150x6.5x9	16-M20	2PL- 9x150x290	4PL- 9x 60x290	4-M20	2PL- 6x170x200
H-400x200x8x13	24-M20	2PL- 9x200x410	4PL- 9x 80x410	8-M20	2PL- 9x170x260
SH-400x200x9x19	24-M20	2PL-12x200x410	4PL-16x 80x410	8-M20	2PL- 9x170x260
H-500x200x10x16	24-M20	2PL-12x200x410	4PL-12x 80x410	10-M20	2PL- 9x170x320
SH-500x250x9x16	32-M20	2PL-12x250x530	4PL-12x100x530	10-M20	2PL- 9x170x320
SH-500x250x9x19	32-M20	2PL-12x250x530	4PL-16x100x530	10-M20	2PL- 9x170x320
H-600x200x11x17	24-M20	2PL-12x200x410	4PL-12x 80x410	16-M20	2PL- 9x290x440
H-588x300x12x20	40-M20	2PL-12x300x530	4PL-16x110x530	16-M20	2PL- 9x290x440
SH-600x250x12x19	32-M20	2PL-12x250x530	4PL-16x100x530	16-M20	2PL- 9x290x440
SH-600x300x12x25	48-M20	2PL-19x300x620	4PL-19x110x620	16-M20	2PL- 9x290x440
SH-600x300x12x28	56-M20	2PL-19x300x710	4PL-22x110x710	16-M20	2PL- 9x290x440

柱リスト 1/50

特記なき限り下記による
・鉄骨材質はBCR295とする。

階	符号	C1	C2	C3
6	部材	□-400x12		
5	部材	□-400x12	□-300x12	
4	部材	□-400x14	□-300x12	
3	部材	□-400x16	□-300x16	
2	部材	□-450x16	□-350x16	□-300x12
1	部材	□-450x19	□-350x19	□-300x16
柱脚	部材	ハイベース・エコ EP450-8-36	ハイベース・エコ EP350-8-36	ハイベース・エコ EJ300-4-36
柱型	断面	B D Y X		
	B×D	900 x 900	800 x 800	750 x 750
	主筋	24-D25	24-D25	12-D25
	フープ	D13-□-@100	D13-□-@100	D13-□-@100

2次部材リスト

特記なき限り下記による
・鉄骨材質はSS400とする。
・高力ボルトはF10T(S10T)とする。
・小梁仕口タイプは鉄骨工作基準(1)による。

符号	部材	ガセットプレート	ボルト	小梁仕口タイプ	備考
<B1>	[-100x50x5x7.5	GPL-6	HTB 1x2-M20	A1	2列
B2,CB2	H-100x100x6x8	GPL-6	HTB 1x2-M20	A1	2列
B4	H-200x100x5.5x8	GPL-6	HTB 2x2-M20	A1	2列
B4A,CB4A	H-194x150x6x9	GPL-6	HTB 2x2-M20	A1	2列
B5	H-250x125x6x9	GPL-9	HTB 3x2-M20	A1	2列
B6,CB6	H-300x150x6.5x9	GPL-9	HTB 4x1-M20	A1	1列
B7	H-350x175x7x11	GPL-9	HTB 4x1-M20	A1	1列
<B8>	H-400x200x8x13	GPL-9	HTB 5x1-M20	A1	1列
<B9>	H-450x200x9x14	GPL-9	HTB 5x1-M20	A1	1列
B10	H-500x200x10x16	GPL-12	HTB 6x1-M20	A1	1列
B11	H-600x200x11x17	GPL-12	HTB 7x1-M20	A1	1列
P1	H-100x100x6x8	GPL-6	HTB 1x2-M20	A1	2列
		柱脚:BPL-12x200x150 A.BOLT 2-M16 L=320(フック付き)			
P2	H-148x100x6x9	GPL-6	HTB 1x2-M20	A1	2列
		柱脚:BPL-12x200x200 A.BOLT 2-M16 L=320(フック付き)			
<T1>	[-100x50x5x7.5	GPL-6	HTB 1x2-M20	A1	2列
V1	M16(ターンバックル締め)	GPL-6	HTB 1-M16		

鉄骨部材リスト

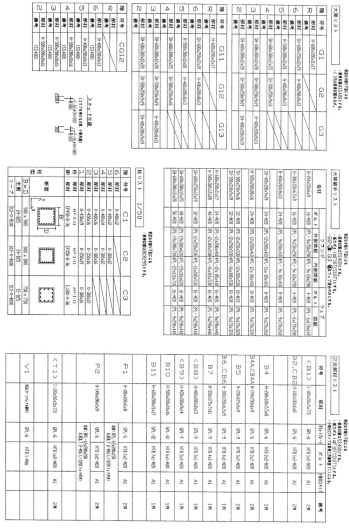

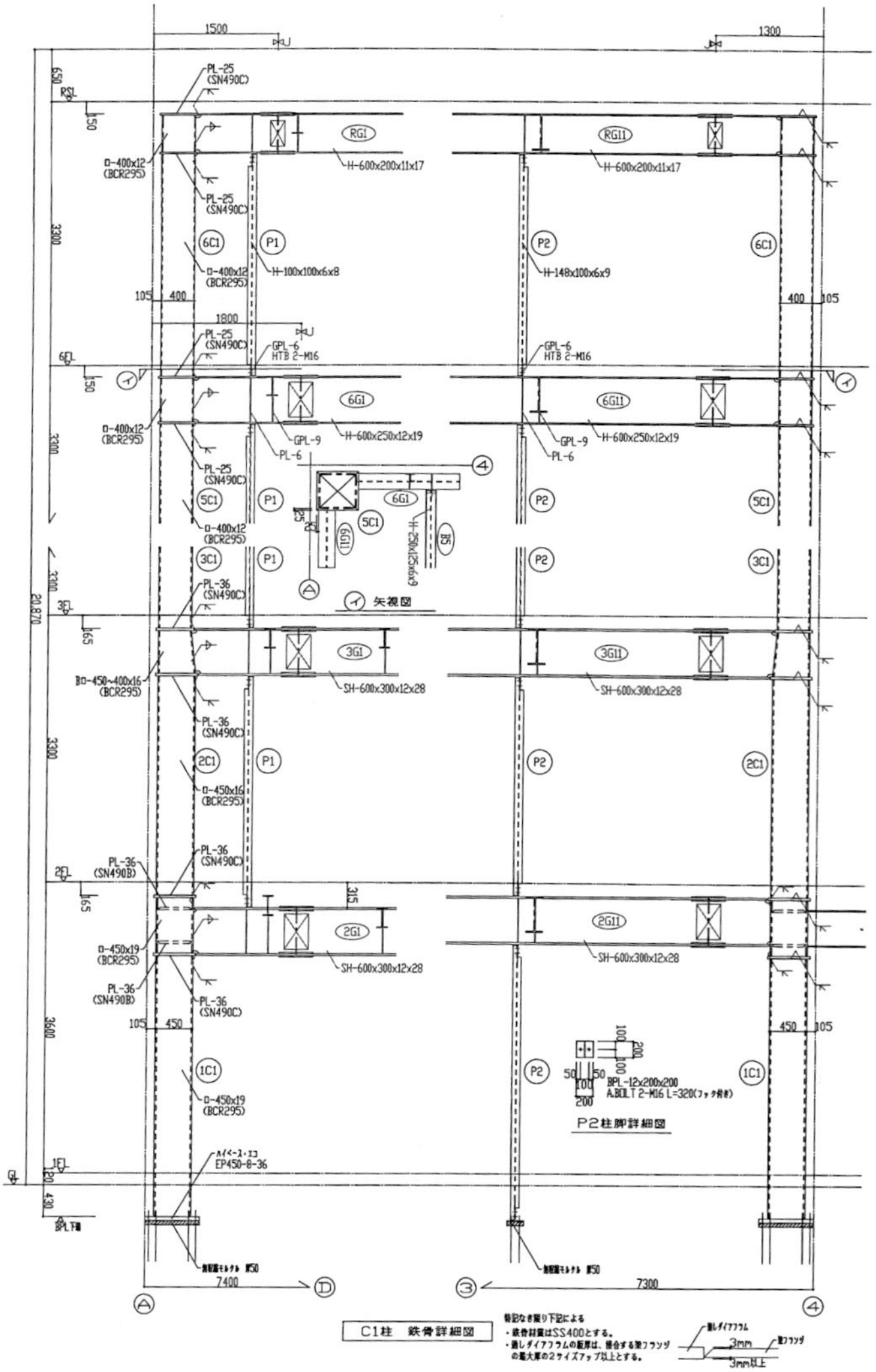

C1柱　鉄骨詳細図
特記なき限り下記による
・鉄骨材質はSS400とする。
・通しダイアフラムの板厚は、接合する梁フランジの最大厚の2サイズアップ以上とする。
RSL
6FL
3FL
2FL
1FL
PL-25 (SN490C)
□-400x12 (BCR295)
□-450x16 (BCR295)
□-450x19 (BCR295)
PL-36 (SN490C)
PL-36 (SN490B)
H-600x200x11x17
H-600x250x12x19
SH-600x300x12x28
H-100x100x6x8
H-148x100x6x9
H-250x125x6x9
GPL-6 HTB 2-M16
GPL-9
PL-6
RG1
RG11
6G1
6G11
3G1
3G11
2G1
2G11
6C1
5C1
3C1
2C1
1C1
P1
P2
B5
イ 矢視図
BPL-12x200x200
A.BOLT 2-M16 L=320(フック付き)
P2柱脚詳細図
EP450-8-36
7400
7300
20,870

鉄骨詳細図

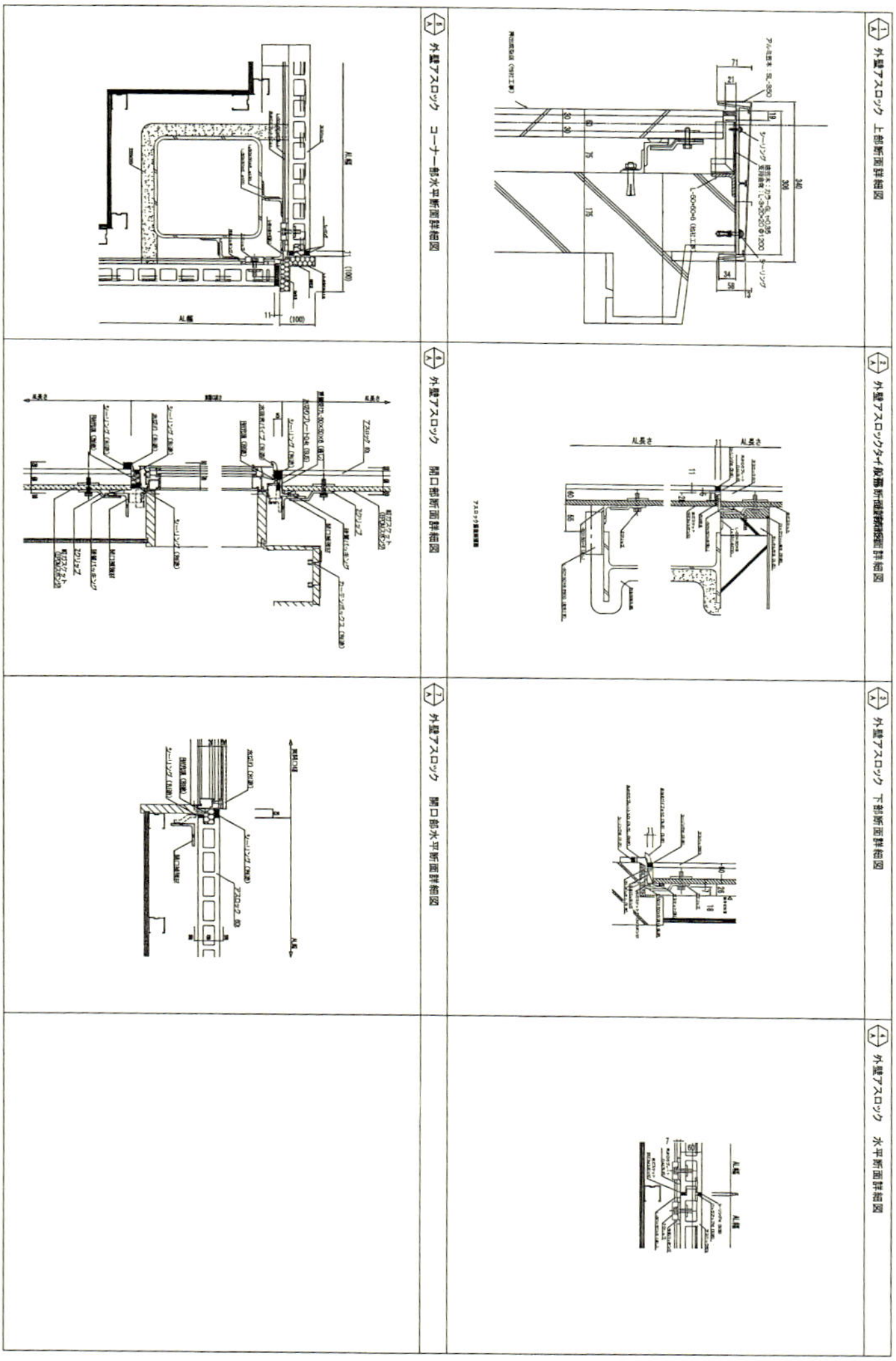
外壁アスロック　上部断面詳細図
外壁アスロック　下部断面詳細図
外壁アスロック　水平断面詳細図
外壁アスロック　コーナー部水平断面詳細図
外壁アスロック　開口部断面詳細図
外壁アスロック　開口部水平断面詳細図

外壁部分詳細図

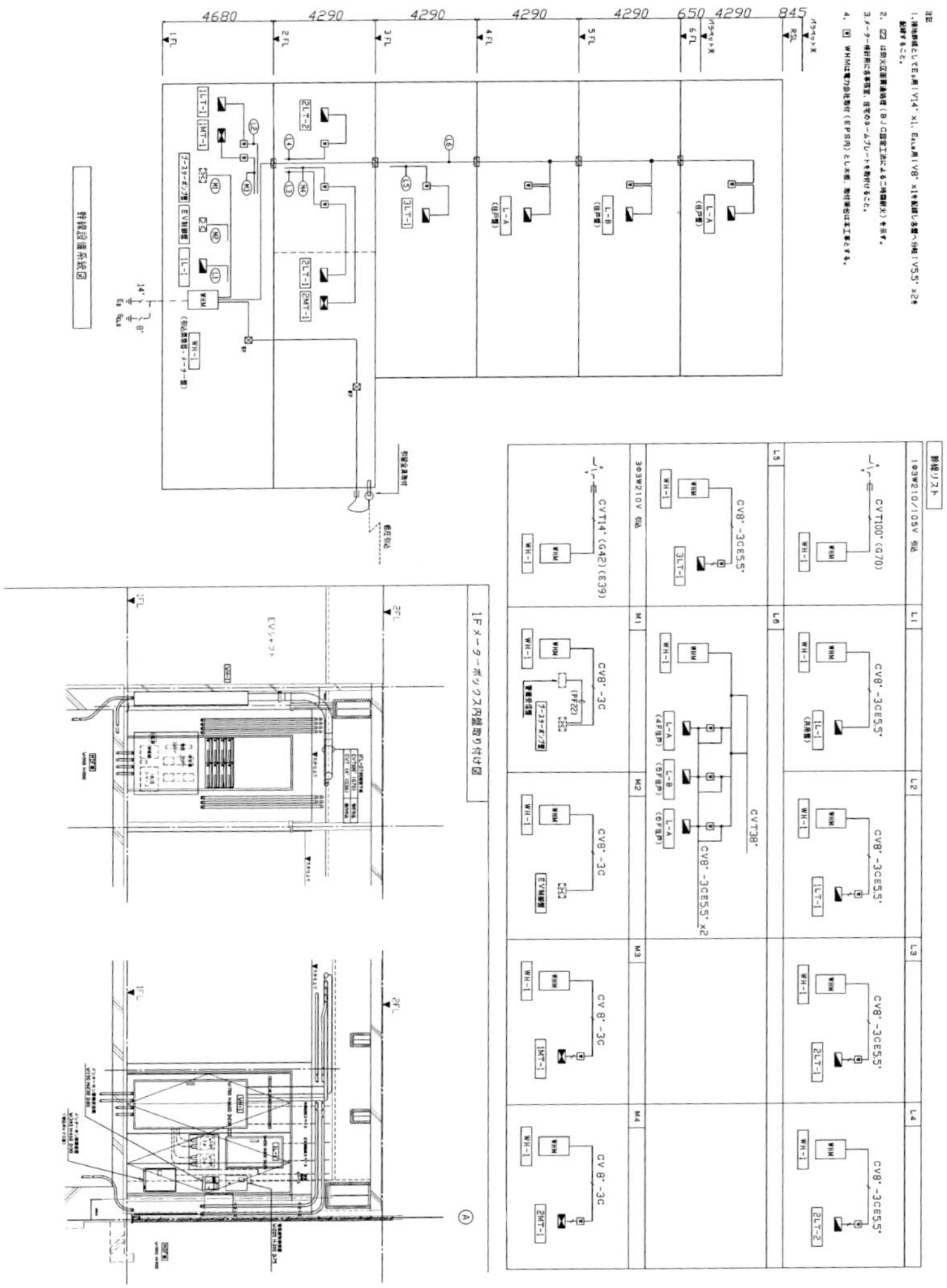

幹線設備系統図

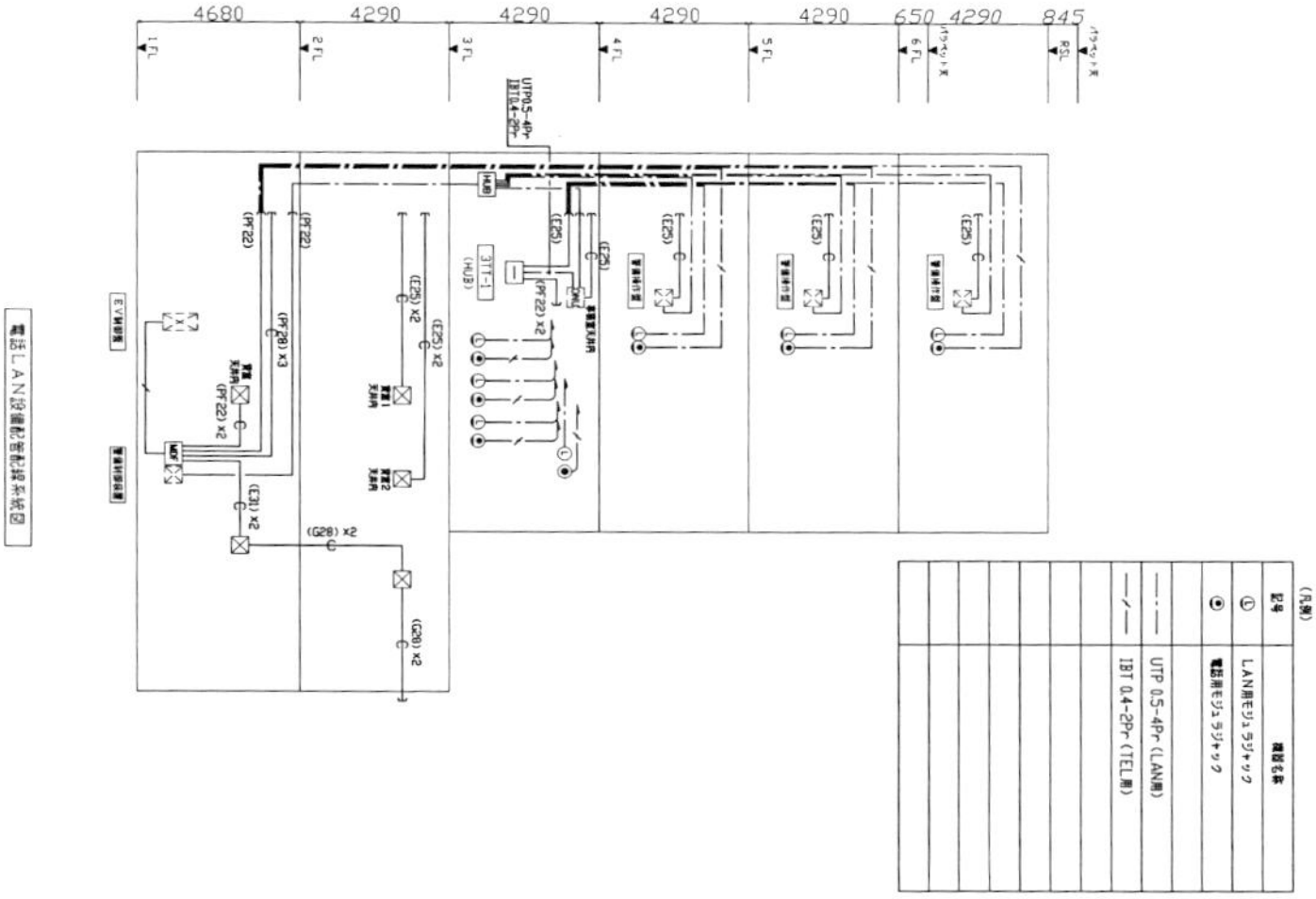
電話LAN設備配管配線系統図
4680
4290
4290
4290
4290
650
4290
845
1FL
2FL
3FL
4FL
5FL
6FL
RSL
(凡例)
記号
機器名称
LAN用モジュラジャック
電話用モジュラジャック
UTP 0.5-4Pr (LAN用)
IBT 0.4-2Pr (TEL用)

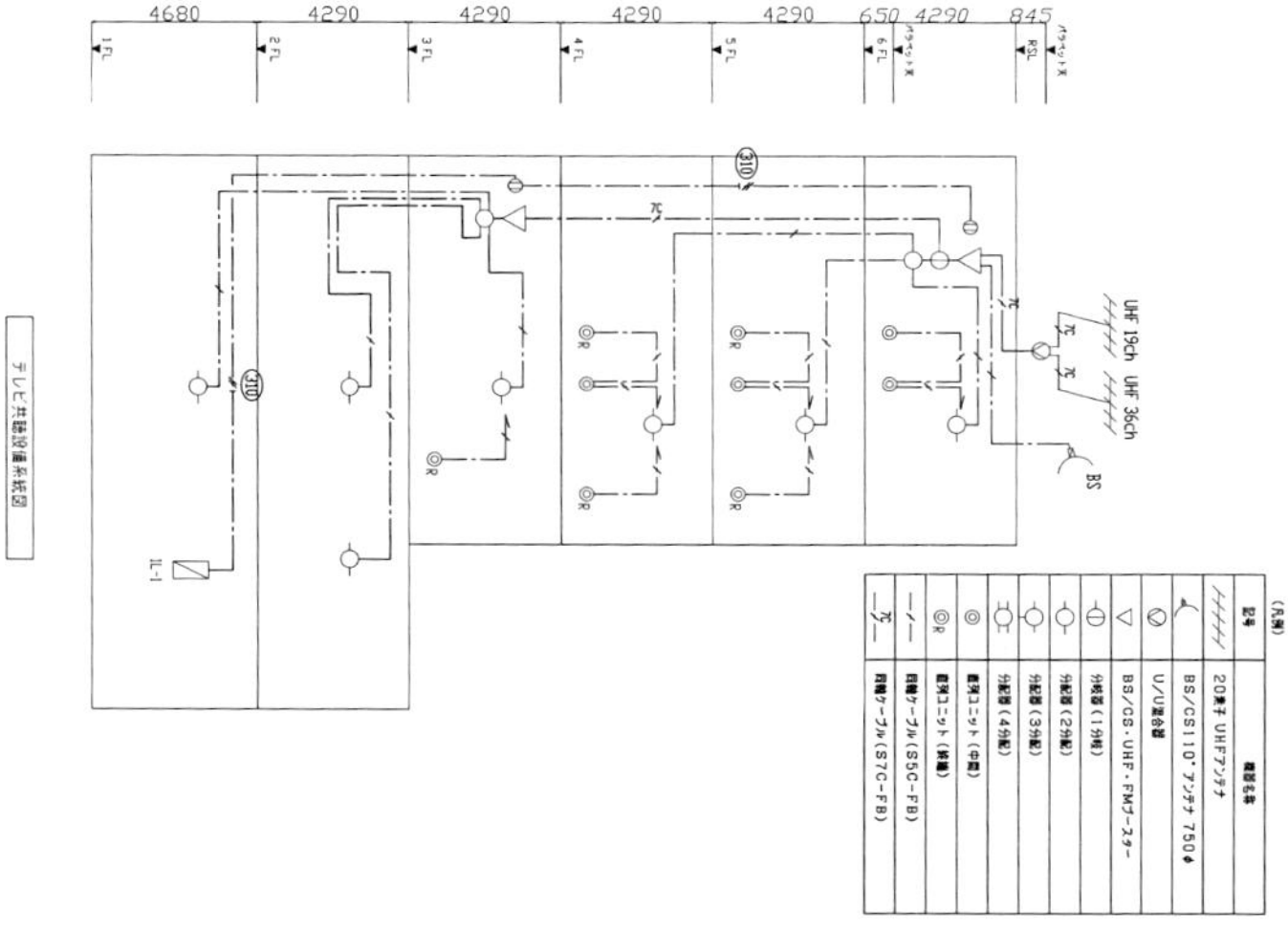
テレビ共聴設備系統図
4680
4290
4290
4290
4290
650
4290
845
1FL
2FL
3FL
4FL
5FL
6FL
RSL
UHF 19ch
UHF 36ch
BS
(凡例)
記号
機器名称
20素子 UHFアンテナ
BS/CS110°アンテナ 750φ
U/U混合器
BS/CS・UHF・FMブースター
分岐器(1分岐)
分配器(2分配)
分配器(3分配)
分配器(4分配)
直列ユニット(中間)
直列ユニット(終端)
同軸ケーブル(S5C-FB)
同軸ケーブル(S7C-FB)

弱電設備系統図

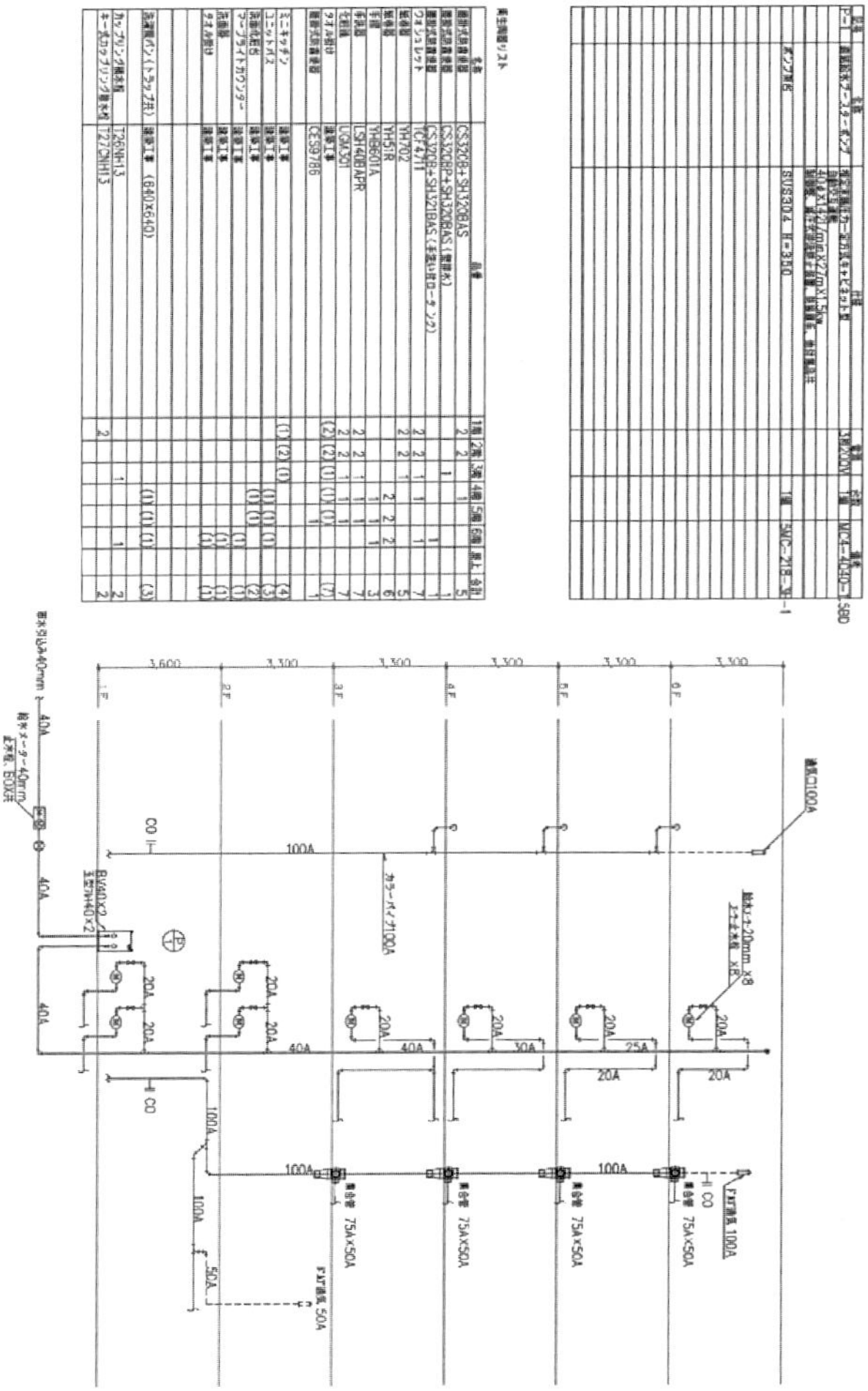

衛生設備系統図

空調・換気機器リスト

記号	機器名称	仕様	電源	台数	備考
PAC-1	空冷パッケージエアコン	天井カセット4方向 ×2	単相200V	1台	PLZX-ERP80SEED
	(同時ツイン運転)	能力:冷房時 7.1 kw 暖房時 8.0 kw			3階 貸事務室
		消費電力:冷房時 1.95 kw 暖房時 1.83 kw			
		ドレンアップ・リモコン 共			
PAC-2	空冷パッケージエアコン	天井カセット4方向	単相200V	1台	PLZ-ERP56SEED
		能力:冷房時 5.0 kw 暖房時 5.6 kw			3階 貸事務室(南)
		消費電力:冷房時 1.20 kw 暖房時 1.25 kw			
		ドレンアップ・リモコン 共			
PAC-3	空冷パッケージエアコン	天井カセット4方向	単相200V	1台	1階 貸事務室(北) 別途工事
		能力:冷房時 5.0 kw 暖房時 5.6 kw			2階 貸事務室(南) 別途工事
		消費電力:冷房時 1.20 kw 暖房時 1.25 kw			
		ドレンアップ・リモコン 共			
PAC-4	空冷パッケージエアコン	天井カセット4方向	三相200V	(1台)	2階 貸事務室(北) 別途工事
		能力:冷房時 10.0 kw 暖房時 11.2 kw			
		消費電力:冷房時 2.62 kw 暖房時 2.68 kw			
		ドレンアップ・リモコン 共			
PAC-5	空冷パッケージエアコン	天井カセット4方向 ×2	三相200V	(1組)	1階 貸事務室(南) 別途工事
	(同時ツイン運転)	能力:冷房時 10.0 kw 暖房時 11.2 kw			
		消費電力:冷房時 2.85 kw 暖房時 2.70 kw			
		ドレンアップ・リモコン・分岐管 共			
AC-1	ルームエアコン	壁掛形	単相100V	4台	MSZ-GV362
		能力:冷房時 3.6 kw 暖房時 3.6 kw			4階 居間・キッチン、洋室
		消費電力:冷房時 1.13 kw 暖房時 1.05 kw			5階 居間、洋室・和室
AC-2	ルームエアコン	インバーターマルチシステム室外機		1台	MXZ-602AS
		能力:冷房時 6.0 kw 暖房時 7.2 kw			
		消費電力:冷房時 1.59 kw 暖房時 1.71 kw			
AC-2-1	ルームエアコン	壁掛形		1台	MSZ-2828XAS-W-IN
		能力:冷房時 2.8 kw 暖房時 7.2 kw			6階 ダイニングキッチン
		消費電力:冷房時 1.59 kw 暖房時 1.71 kw			
AC-2-2	ルームエアコン	壁掛形		1台	MSZ-3628XAS-W-IN
		能力:冷房時 3.6 kw 暖房時 4.8 kw			6階 居間
		消費電力:冷房時 1.59 kw 暖房時 1.71 kw			
SF-1	全熱交換換気機	天井埋込形	単相100V	1台	161-5701
	2室用	100φ×145㎥/h×50Pa	0.039kw		5階 寝室
	24時間換気機能付	24時間換気量:108㎥/h			
F-1	ダクト用換気扇	天井埋込形	単相100V	2台	VD-15ZFLC8
	2室用	100φ×155㎥/h×50Pa	0.023kw		4階・6階 洋室
	24時間換気機能付	24時間換気量:88㎥/h			
		コントローラースイッチ:P-04SWL(電気工事に支給)			
F-2	ダクト用換気扇	天井埋込形	単相100V	7台	VD-10ZC
		100φ×50㎥/h×40Pa	0.0093kw		1階～5階 トイレ
F-3	ダクト用換気扇	天井埋込形	単相100V	1台	VD-15ZLWPC8
	24時間換気機能付	100φ×165㎥/h×50Pa	0.023kw		3階 貸事務室(北)
		24時間換気量:26㎥/h			
		コントローラースイッチ:P-04SWL(電気工事に支給)			
F-4	ダクト用換気扇	天井埋込形	単相100V	4台	VD-15ZLWPC8
	24時間換気機能付	150φ×270㎥/h×50Pa	0.036kw		1階 貸事務室
		24時間換気量:36㎥/h			2階 貸事務室(南)
		コントローラースイッチ:P-04SWL(電気工事に支給)			3階 貸事務室(南)
F-5	ダクト用換気扇	天井埋込形	単相100V	1台	VD-20ZLWPC8
	24時間換気機能付	150φ×340㎥/h×50Pa	0.062kw		2階 貸事務室(北)
		24時間換気量:49㎥/h			
		コントローラースイッチ:P-04SWL(電気工事に支給)			
F-6	ダクト用換気扇		単相100V	4台	VD-13ZC
		100φ×80㎥/h×40Pa	0.020kw		1階～3階 ミニキッチン
V-1	レンジフードファン	建築工事		2台	4階・5階 キッチン
OA-1	天井埋込形グリルサイレンサー	天井埋込形 150φ		9台	P-150S3
OA-2	自然給気ユニット	角形・壁取付型 150φ		2台	AT-150QSU(4・5階)
OA-3	自然給気レジスター	角形・壁取付型 100φ		3台	KRP150BWF(4・5・6階)
OA-4	自然給気ユニット	天井取付型 150φ		1台	AT-150TQSU(6階)

冷媒管サイズ

記号	液管	ガス管
①	6.35φ	9.52φ
②	6.35φ	12.70φ
③	9.52φ	15.88φ

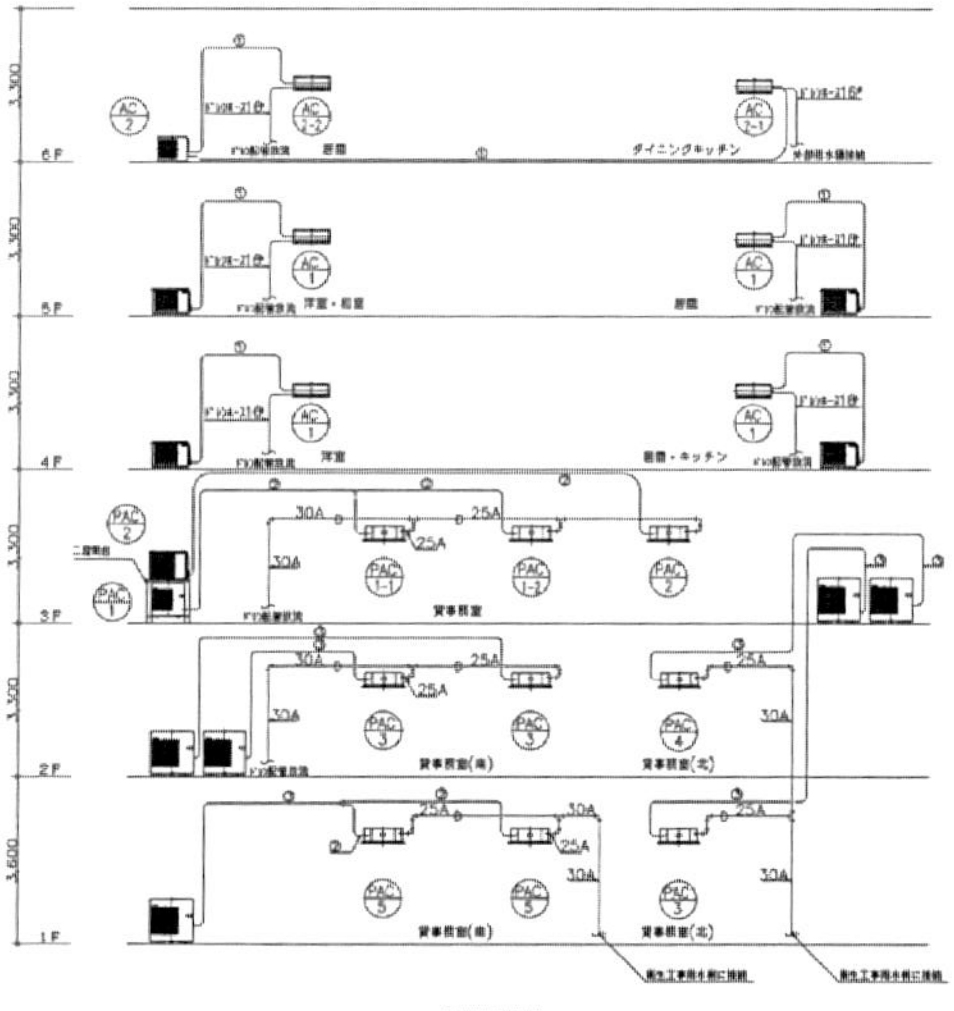

空調設備系統図

空調設備系統図

著者
梶原 一幸（かじはら　かずゆき）
株式会社 梶原建築事務所　代表取締役

昭和33年（1958年）大阪市に生まれる
昭和56年（1981年）京都大学工学部建築学科卒業
昭和58年（1983年）同大学院工学研究科修了
同　年　　　　　　株式会社大林組入社
　　　　　　　　　意匠設計部門、建築営業部門に勤務
平成23年（2011年）大林組を退職
平成24年（2012年）梶原建築事務所設立

建物をつくるということ

2017年11月1日　初版　第1刷発行
2018年 7 月1日　第2刷発行

著　者　梶　原　一　幸
発行者　蒔　田　司　郎
発行所　清　風　堂　書　店
〒530-0057 大阪市北区曽根崎 2-11-16
TEL 06（6313）1390
FAX 06（6314）1600
振替 00920-6-119910

表紙・扉デザイン／クリエイティブ・コンセプト
制作編集担当・長谷川桃子

印刷・製本／オフィス泰

ISBN978-4-88313-867-8 C0052